G. PINET

LÉONOR MÉRIMÉE

(1757-1836)

AVEC 21 ILLUSTRATIONS

PARIS

LIBRAIRIE ANCIENNE HONORÉ CHAMPION, ÉDITEUR

5, QUAI MALAQUAIS, 5

1913

LÉONOR MÉRIMÉE

Extrait de la
*Correspondance Historique
et Archéologique*
ANNÉES 1912–1913

G. PINET

LÉONOR MÉRIMÉE

(1757-1836)

AVEC 21 ILLUSTRATIONS

PARIS

LIBRAIRIE ANCIENNE HONORÉ CHAMPION, ÉDITEUR

5, QUAI MALAQUAIS, 5

1913

AVANT-PROPOS

Vue du village de Broglie.

Au milieu du joli petit bourg de Broglie, si coquettement étalé sur les bords de la Charentonne, deux monuments consacrent la mémoire de deux enfants du pays.

Sur l'un on lit le nom d'Augustin Fresnel. L'éminent physicien, que ses admirables conceptions sur la théorie de la lumière ont conduit aux applications les plus fécondes et les plus utiles, tient le premier rang dans le monde savant. Il est regardé comme l'émule de Newton. C'est une de nos gloires nationales.

L'autre est dédié à Léonor Mérimée. Peintre, érudit, écrivain, il fut maître de dessin à l'Ecole Polytechnique, secrétaire perpétuel de l'Ecole des Beaux-Arts, membre de la Société d'Encouragement pour l'Industrie nationale. Artiste de talent, préoccupé de recherches scientifiques, auteur d'un ouvrage très apprécié et demeuré classique, chargé de multiples fonctions artistiques et administratives, il a été réputé en son temps. Plus tard sa réputation a été éclipsée par la renommée de son fils, l'immortel auteur de Carmen et de Colomba. Aujourd'hui il est à peu près oublié. Ce n'est pas juste ! Son œuvre picturale, peu considérable, mais très estimable est d'un bon peintre de l'ancienne école. Ses travaux, ses recherches sur les moyens de perfectionner les procédés matériels de la peinture, lui assignent une place honorable parmi ceux qui se sont préoccupés surtout de la technique de l'art. La diversité de ses aptitudes, l'étendue et la variété de ses connaissances, la distinction de son esprit, lui donnent une physionomie originale qu'il nous a paru intéressant de chercher à faire revivre.

Arago a consacré à Fresnel une de ces étincelantes notices dans lesquelles il excellait, avec une incomparable maîtrise, à mêler à la vie des savants des aperçus merveilleux sur toutes les branches du savoir. Peut-être la mémoire de Mérimée pourra-t-elle se contenter d'un biographe obscur ? Toutefois, ce qu'on sait de son attention vigilante à suivre le mouvement artistique contemporain, du soin avec lequel il se tenait au courant de toutes les découvertes de la science applicables aux arts industriels, les documents peu connus ou inédits que nous avons recueillis sur son compte, les renseignements divers que d'heureuses recherches nous ont permis de rassembler sur lui, sur les siens, sur son entourage, enfin l'attrait de cette fine et curieuse figure, aujourd'hui trop effacée, nous ont enhardi à présenter au public les pages qui vont suivre.

I

LÉONOR MÉRIMÉE PEINTRE

Jean-François-Léonor Mérimée naquit à Broglie le 16 septembre 1757. Son père, François Mérimée, avocat au parlement de Rouen, auteur d'un *Traité des Fiefs et droits féodaux de la Normandie* (1), était un homme fort distingué. Il entretenait les meilleures relations avec toutes les familles du pays d'Ouche. Depuis que la baronnie de Ferrières avait été érigée en duché en faveur du Maréchal de Broglie, il remplissait auprès de lui les fonctions d'intendant. On montre encore aujourd'hui le pavillon, appelé *Pavillon Mérimée*, qui lui avait été réservé, en raison de l'importance de ses fonctions, dans le nouveau château construit sur l'emplacement de l'ancienne forteresse de Chambrais dont les vieilles tours disparaissent à présent sous leur manteau de lierre. De son mariage

(1) Mss. Petit in-8e de 455 pages acheté en 1891 par les archives de la Seine-Inférieure

2

avec Louise Tillard, il eut quatre enfants (1), deux fils Charles et Léonor, deux filles Victoire et Augustine. Tous les quatre furent tenus sur les fonds baptismaux par des membres de la famille de Broglie, suivant la coutume consacrée pour tous les nouveaux-nés de ses serviteurs. Léonor eut pour parrain le comte de Broglie, alors ambassadeur auprès du roi de Pologne, représenté par l'abbé Léonor Lefournier, curé de la paroisse, qui donna à l'enfant son propre prénom. Il eut pour marraine la comtesse de Revel, belle-sœur du Maréchal, que représenta la femme du bailli. Voici la copie de l'acte de baptême relevé sur les registres de l'état-civil de la commune de Broglie (2) :

Cejourd'huy dix huit de septembre an susdit a été baptisé par nous prêtre vicaire de Broglie, un fils né le seize du dit mois du légitime mariage de maître François Mérimée, avocat au parlement et de Marie Louise Tillard de cette paroisse, lequel a été nommé Jean François Léonord par maître Léonord Lefournier, curé de ce lieu, représentant le très haut et très puissant seigneur messire François Charles conte de Broglie, brigadier des armées du Roy, chevalier des ordres de sa majesté, Embassadeur du Roy très chrétien auprès du Roy et de la république de Pologne Et par Madame Françoise Louise de Nollet de Malhouë, épouse de maître Robert Chamvel, bailly de la haute justice et duché de ce lieu, réprésentant haute et puissante dame, madame Anastasie Jeanne Thérèze Savalette épouse de haut et puissant seigneur messire François de Broglie conte de Revel, aussi brigadier des armées du Roy, Colonel du régiment de Poitou-infanterie. Les dits seigneur conte de Broglie et dame de Revel ses parrain et marraine représentez comme dessus,

Doué des dispositions les plus heureuses pour les arts, les lettres et les sciences. Léonor Mérimée fit d'excellentes études au collège de Caen. Il s'occupa d'abord de littérature et de linguistique ; puis, cédant à une irrésistible vocation pour la peinture, il se détermina à venir à Paris. En 1778, il entra à l'Ecole de l'Académie dans l'atelier de Doyen, le maître de David, qui lui donna ses premières leçons. Il passa ensuite dans l'atelier de Vincent, dont il devint bientôt le meilleur élève. Pajou, Meynier, Thévenin, travaillaient avec lui. Le

____

(1) Voir Appendice. Tableau généalogique de la famille Mérimée.
(2) L'acte de baptême de Léonor Mérimée a été signalé pour la première fois par M⁰ Veuclin, imprimeur à Bernay.

L. Mérimée.Gravé par Normand.

Découverte des restes de Milon de Crotone.

31 mars 1787 il se présenta pour la première fois au concours
pour le prix de Rome en même temps que Lethiers, Vicar,
Messier, Reatu, La Barrière et Fabre. Il avait alors trente
ans. Depuis quelques années l'Académie de peinture assi-
gnait pour thèmes de ses concours des sujets tirés de l'histoire grecque ou de l'histoire romaine ; mais cette année-là
elle était revenue à un sujet biblique : *Nabuchodonosor fait
tuer tous les enfants de Sedecias.* Ce fut Xavier Fabre, élève
de David, à peine âgé de vingt ans, qui remporta le premier
prix, Mérimée eut le second. L'année suivante, il concourut
de nouveau ; le sujet donné le 26 avril 1788 était *La mort de
Tatius, le collègue de Romulus ;* il n'obtint que la troisième
place ; Etienne Garnier eut le premier prix et Girodet
le second. Alors il abandonna la lutte et partit pour la Hollande étudier les vieux maîtres flamands qu'à cette époque on
connaissait à peine. Au cours de ce voyage, il fut particulièrement frappé de l'importance que les primitifs attachaient
aux procédés matériels d'exécution et du merveilleux état de
conservation de la plupart de leurs tableaux. Dès ce moment
il commença des recherches sur les origines de la peinture à
l'huile et ces recherches furent le point de départ des travaux
qui devaient l'occuper toute sa vie.

De la Hollande il passa en Italie. Vers la fin de l'année
1788 il arriva à Rome, chaleureusement recommandé par
Vincent. Sur la prière du Surintendant des Beaux-Arts et sur
les sollicitations du Maréchal de Broglie (1), Ménageot mit immédiatement à sa disposition un des logements vacants du
Palais Mancini. « Ce jeune homme me paraît fort honnête
« et fort intéressant » écrivait peu de jours après le Directeur
de l'Académie de France à d'Angivillers, « je suis fâché qu'il
ait « une mauvaise poitrine et je crains bien que ce climat *ici*
ne lui réussisse pas (2) ». Mérimée, quoiqu'ayant passé la tren-
taine, était, en effet, d'apparence fort chétive, tellement que
ses camarades le désignèrent tout de suite sous le nom de
liscacio fracido (3). Il n'en parvint pas moins, et presque
sans infirmité, jusqu'à la plus extrême vieillesse.

(1) Correspondance des Directeurs de l'Académie de France à Rome.
Lettres des 5 et 15 Janvier 1789.
(2) Correspondance des Directeurs de l'Académie de France à Rome.
Lettre du 10 Décembre 1788.
(3) Lettre de Mérimée à Fabre, du 13 août 1834.

Sa première année se passa presque tout entière à la galerie du Carrache au Palais Farnèse. Il y travailla à côté de Fabre, arrivé l'année précédente et signalé déjà par un succès avec son tableau *Jacob ramenant Lia chez Laban*. Gounod, le père de l'illustre musicien, externe aussi à l'Académie, Garnier et quelques autres y venaient avec lui. Ses relations avec tous les artistes externes ou pensionnaires prirent là bien vite un caractère d'intimité. Celles avec Fabre, son rival heureux du Concours, y furent le début d'une amitié solide qui ne devait finir qu'avec leur vie.

En 1790, il termina son premier tableau : *La découverte des Restes de Milon de Crotone* (H 435 L 360). En voici le sujet. Des chasseurs, dans un bois, apercevant des ossements dissimulés par un arbre demi brisé, descendent de leurs montures et reconnaissent au squelette dont la main est prise dans le tronc la fin malheureuse du célèbre athlète, six fois vainqueur aux Jeux Olympiques. Ce tableau, d'un effet imposant malgré la banalité des attitudes, fut envoyé à Paris par Menageot qui signala l'expression des figures, le sentiment de la couleur et la sûreté avec laquelle le paysage avait été étudié (1). La Société des *Amis des Arts* en fit l'acquisition au Salon. Merimée, en fut remis beaucoup plus tard en possession ; il fit alors quelques changements au paysage. « Mon fils aurait voulu que je changeasse un peu « le ton des draperies » dit-il à Fabre dans une lettre qu'il lui adressa le 13 août 1834 « mais cela me mènerait trop loin. « Je n'ai plus les yeux assez bons pour entreprendre de mettre « la main aux figures. Ce qui faisait désirer qu'elles fussent « retouchées pour la couleur, c'est que j'ai fait pour quelqu'un « qui me l'a demandé une esquisse du sujet ; la composition « est changée et l'esquisse est d'une bien meilleure couleur « que le tableau qui a le ton blafard de l'époque. Quand bien « même j'aurais de bons yeux pour faire une bonne retouche « je ne la ferais pas. J'aime mieux avoir un échantillon non « altéré de mes premières études ». L'échantillon malheureusement a été détruit dans l'incendie de la maison de son fils le 23 mai 1871 et l'on ignore ce qu'est devenue l'esquisse dont il est question dans la lettre que nous venons de citer. Le

---

(1) Correspondance des Directeurs de l'Académie de France. Lettre du 28 Juillet 1790.

L. Mérimée. Gravé par Berwick.

L'INNOCENCE NOURRISSANT UN SERPENT.

tableau fut gravé au trait par Normand et la gravure reproduite au tome XIV des *Annales de Landon*. Nous donnons ici cette gravure; elle permet de juger des qualités du tableau. On voit qu'il était composé comme un véritable bas-relief romain.

L'année suivante (1791), Mérimée envoya de Rome un tableau de genre : *L'Innocence nourrissant un serpent*. Il représentait une jeune fille à demi-nue, ayant relevé ses vêtements pour contenir des fleurs qu'elle vient de cueillir et les présentant d'une main assurée, presque caressante au serpent dressé dans le feuillage. On en loua l'idée ingénieuse, le dessin correct, la touche habile, le coloris brillant et har-monieux. Seul, le critique des *Petites Affiches*, dans un article signé D***, citoyen patriote et véridique, blâma l'expres-sion donnée à l'*Innocence* qui ressemblait, d'après lui, plutôt à un jeune homme qu'à une jeune fille. Auprès du public, la charmante composition eut un grand succès par son carac-tère allégorique et par sa note sentimentale à la mode.

M. Augustin Filon en parle dans son livre si intéressant sur *Prosper Mérimée et ses Amis*, dont il vient de donner une nouvelle édition remaniée. « Le peintre, dit-il, avait-il « voulu montrer, en retournant la scène de la *Genèse*, la « femme perdue par la pitié bien plus que par l'orgueil, ou « l'éternelle fascination que le Vice et la *Pureté* exercent l'un « sur l'autre? Y avait-il là-dessous une philosophie diabolique, « une pointe de sadisme latent, ou simplement l'allégorisme « un peu forcé dont ce temps faisait ses délices, entre une « bataille et un échafaud ? Quoiqu'il en soit, le sujet plut par « sa bizarrerie et par une sorte de préciosité naïve dans l'exé- « cution ». L'éminent critique regarde ce tableau comme le chef-d'œuvre du peintre ; mais les raisons sur lesquelles il asseoit son jugement ne sont assurément pas celles qui détermineraient le jugement des artistes. Prosper Mérimée qui avait appris de son père à juger d'une œuvre de peintre d'après les qualités propres à la peinture, sans s'occuper du sujet, donna à l'*Innocence* la place d'honneur dans la chambre à coucher de son appartement de la rue de Lille et il se proposait de la léguer au Musée du Louvre. La toile a été détruite, avec toutes ses collections, en 1871 ; mais le graveur Berwick en avait fait un superbe burin dont nous donnons ici la reproduction.

Après ces deux envois Léonor Mérimée fut salué comme l'un des Elèves qui soutenait le mieux l'honneur de l'Ecole. *La découverte des restes de Milon de Crotone* et l'*Innocence* menaçaient, au dire des aristarques d'alors, « d'exciter même l'émulation des maîtres». Elles le classèrent en première ligne parmi les peintres d'histoire et de genre.

L'année 1792 fut une année de troubles, d'inquiétudes et de craintes pour les hôtes du Palais Mancini. Depuis le commencement de la Révolution ils étaient l'objet d'avanies continuelles. En manifestant publiquement leurs opinions sous l'œil du gouvernement pontifical ils avaient ameuté contre eux la population romaine. Les pensionnaires, les peintres et les architectes venus pour étudier les Beaux-Arts, les maîtres de français, les ouvriers, tous les individus prenant le nom d'artistes qui se réunissaient à l'Académie étaient exécrés. A la nouvelle du massacre des Suisses et, quelques semaines après, de la Princesse de Lamballe et des prêtres, ce fut dans la ville pontificale une explosion de colères. Les Suisses du Pape parlèrent de mettre le feu au Palais et de massacrer les pensionnaires. Le séjour de Rome n'était plus sûr pour eux. Ménageot, qu'ils avaient mis en quarantaine, parce qu'il ne partageait pas leurs opinions, leur avait conseillé de partir et la plupart s'étaient enfuis à Naples. Le 12 Janvier 1793 il n'en restait plus que quatre à l'Académie : Mérimée, Girodet, Laffite et Pequignot, quand arriva la dépêche du ministre Monge enjoignant aux consuls d'enlever au-dessus de leur porte les écussons aux armes des Bourbon et de les remplacer par un tableau représentant la République tant au Consulat qu'à l'Académie. Basseville, notre chargé d'affaires qui remplissait alors les fonctions de Directeur à la place de Ménageot relevé de son emploi à cause de sa conduite contre-révolutionnaire, commanda à ces artistes de peindre les écussons dans la journée. Ce fut Mérimée qui reçut l'ordre. On garde au Ministère des affaires étrangères la lettre qu'il adressa de Florence le 25 Janvier suivant au Ministre Lebrun (1). C'est la relation la plus complète et la plus impartiale des événements. Il lui fallut rassembler ses camarades sans perdre un instant et peindre dans l'espace de la journée

____

(1) Cette lettre de Mérimée a été reproduite dans le tome XVI, page 236, de *la Correspondance des Directeurs de l'Académie de France.*

L. Mériméc.   Musée de Montpellier.

VERTUMNE ET POMONE.

les armes de la République pour les placer la nuit suivante
sur la porte de la maison du Consul. On lut devant lui les
dépêches qui contenaient l'ordre. Il courut avertir Girodet et
Laffitte et revint dire à Basseville qu'ils étaient en besogne.
Pequignot arriva ensuite. Les quatre peintres réunis dans
une chambre d'où l'on ne pouvait entendre le bruit du dehors,
avaient encore le pinceau à la main quand la foule furieuse
envahit le Palais brisant les portes, les vitres, les fenêtres et
les statues. « Alors, écrit-il, nous sortons tous et, apercevant
« dans le grand escalier des soldats qui chassaient les auteurs
« de ce désordre, nous nous présentons avec confiance en leur
« disant que nous étions français et habitants de la maison ;
« mais cette explication ne servit qu'à les animer contre nous et
« nous faillîmes d'en être assommés. Enfin nous échappâmes
« comme nous pûmes, meurtris de coups et nous nous sau-
« vâmes chacun de notre côté ». Un de ses camarades fut
poursuivi à coups de pavés. Girodet, qui avait été spécialement désigné aux exécuteurs ne leur échappa qu'à grand'peine ;
la maison dans laquelle on le croyait caché fut dévastée et il ne
fut en sûreté qu'après avoir traversé, à pied, presque nu, les
Marais Pontins (1). Mérimée courut d'abord chez Basseville
dont il s'était gagné la confiance en lui procurant, à son
arrivée à Rome, des renseignements sur les mœurs et le
caractère du peuple romain. Il voulait prendre de ses nouvelles et l'avertir de ce qui venait d'arriver ; mais il trouva sa
maison entourée d'une foule de furieux. Alors il se réfugia
dans la demeure d'amis sûrs qui lui étaient dévoués depuis
longtemps. Les uns disent qu'il fut sauvé par une dame
romaine qui lui portait le plus vif intérêt. La chose est possible car il était très répandu dans la société de Rome et il y
eut plusieurs aventures. Des fenêtres de la maison dans
laquelle il s'était réfugié, il vit traîner par les cheveux le
malheureux Basseville à demi-nu, couvert de sang, n'ayant
plus que des lambeaux d'uniforme dont le peuple se disputait
les morceaux. « A cette vue, dit-il, on me porta sur un lit et
« mes hôtes me prodiguèrent les soins les plus généreux avec
« un zèle que je ne puis exprimer ». Et sa relation de l'émeute
préparée et conduite, affirmait-il, par la Cour Pontificale, se
terminait par ce vœu adressé à notre ministre : « J'ignore

(1) Correspondance de Girodet-Trioson.

citoyen Ministre quel parti prendra la République française
pour punir le plus horrible des attentats, mais quel qu'il soit,
j'espère que mes Concitoyens respecteront l'humble toit qui
m'a servi d'asile ».

Après ces événements, le séjour de la Capitale des Arts resta,
comme on sait, interdit aux artistes; ils n'y revinrent qu'en
1801 sous le Consulat. Mérimée y fut détenu pendant quelque
temps dans les prisons. Il avait failli être la victime des fanatiques ; il avait perdu le peu de meubles qu'il possédait et
une partie de ses études. Avant de partir, il sut encore se
rendre utile à ses compagnons d'infortune par sa correspondance avec le Ministre d'Espagne et avec d'autres personnages. Il parvint ainsi à en mettre plusieurs à l'abri des dangers qui se renouvelaient à chaque instant. Le témoignage en
fut apporté deux ans plus tard au Directoire par le député
Dufourny dans son rapport sur l'indemnité de trois cent mille
livres, stipulée à l'article 18 du traité de Tolentino, rapport à
la suite duquel une part de 3000 livres fut allouée à Merimée (1).

Arrivé à Florence, le 20 janvier, il y retrouva, Gérard,
Meynier, Lafitte et quelques autres artistes qui s'y étaient
réfugiés. Il y vécut avec eux misérablement jusqu'au moment
où le gouvernement put leur faire allouer la solde de trente
piastres d'Espagne comme à ceux qui avaient gagné Naples.
La Convention ayant pris ensuite des mesures pour assurer le
rapatriement des artistes il rentra en France vers le milieu
de l'année 1793.

Quand il arriva à Paris, l'Ancienne Académie n'exis-
tait plus. La *Commune des Arts*, composée en grande partie
des artistes enrolés sous la bannière de David, venait d'être
détruite à son tour, à cause de son caractère trop académique.
C'était *La Société Populaire et Républicaine des Arts* qui avait
la charge de la conservation des monuments et de la culture
des arts. Ouverte à tous, mais mêlée à la politique, cette
société saisit l'occasion de manifester ses sentiments républi-
cains en accueillant avec empressement les artistes arrivés
d'Italie « qui avaient abandonné les repaires du despotisme
« pour venir partager avec leurs frères les dangers de la Révo-
« lution ». Dans l'une de ses séances du mois de vendémiaire

____

(1) Rapport du 22 messidor an V reproduit au tome 17, page 90 de
La Correspondance de Directeurs de de l'Académie de France. Voir à
l'Appendice l'extrait de ce rapport.

L., Mérimée. Musée du Louvre.

DIANE REND A ARICIE HIPPOLYTE RESSUSCITÉ PAR ESCULAPE.

an II, elle décida que l'on mettrait à leur disposition les appartements du Palais du Louvre qui, d'après elle, auraient dû être réservés « au mérite et à la vertu » et que des artistes avaient occupés jusqu'alors « pour le scandale et l'effroi des arts (1) ». Mérimée vint alors habiter le Louvre tandis que Fabre, dénoncé comme *aristocrate-contrerévolutionnaire* pour être demeuré à Naples, était déclaré incapable de remplir aucun emploi dans la République. Au Louvre il retrouva Garnier, Gounod, son ami Gérard dont le neveu, Evariste Fragonard, appelé *Fanfan* par sa tante, venait d'exposer à douze ans pour la première fois et devait faire son portrait vingt-cinq ans plus tard. Il s'y lia avec Valenciennes, le paysagiste salué comme l'émule du Poussin, avec Demarne admiré pour l'universalité de son talent, avec Meynier, l'ami de Denon que sa prédilection pour les sujets aimables allait mettre à la mode sous le Consulat, avec Lemire l'Elève de Regnault récemment couronné, avec Neveu le Vice-Président de la Société des Arts dont l'amitié devait être particulièrement utile à sa carrière.

Au commencement de l'année 1795 il se mit tout entier à la peinture. En artiste digne ce nom, il entendait maintenant travailler et produire. Pour les grandes expositions qu'on préparait, il avait fait choix de sujets mythologiques pittoresques. Toute son attention s'appliqua à les traiter d'une manière conforme aux traditions des grands peintres du xviii siècle, en tenant compte en même temps des pratiques sévères de David.

Au Salon de l'an IV il exposa une *Bacchante jouant avec un petit satyre*, tableau de boudoir, aux chairs couleur de rose, qui lui valut une médaille de sixième classe.

Au salon de l'an VI, il envoya *Vertumne et Pomone*. Ce tableau, sur lequel s'exerça la critique du *Journal de Paris* (2), a été détruit comme tous les autres dans l'incendie de la rue de Lille, heureusement Mérimée en avait fait pour son ami Fabre une réduction que celui-ci donna en 1825 au musée de Montpellier. Nous reproduisons cette petite toile (H. 0,37 L. 0,29) dont Prosper Mérimée s'amusa un jour à faire une copie, au cours d'un de ses voyages dans le midi de la France.

(1) Rapport sur ce qui s'est passé au Museum Central des Arts depuis le mois de Vendémiaire an II. B^e N^{le} Mss. n° 9192, tome 1er, p. 191.
(2) Numéro du 18 Vendémiaire an VIII.

Dans un bois, au pied d'une statue drapée, Vertumne, assis à côté de Pomone, entoure de ses bras la déesse qui résiste à peine. Devant elle un panier de fruits renversé. Sur le sol un masque et un bâton de voyage. L'artiste a choisi le moment où Vertumne a déposé le masque qu'il avait pris pour trouver accès auprès de Pomone et se fait connaître à elle. Si la composition n'est pas exactement conforme au récit de la Fable, elle est du moins d'une grande clarté et elle donne de suite et nettement la compréhension du sujet. Le soin apporté à rendre les détails, l'expression de sévérité de la statue, l'arrangement du paysage dénotent, comme l'a fait remarquer Nagler, une main habile à cacher les erreurs de l'ancienne école sous la pratique des principes nouveaux. L'œuvre témoigne d'un grand sentiment de la couleur et d'une parfaite justesse de modelé. Elle rappelle un peu la manière de Prudhon.

En l'an VIII il exposa deux toiles charmantes : *Vénus blessée en touchant les flèches de l'Amour*, et *Daphnis et Chloé dans la Grotte de Philetas*. La dernière aurait figuré, paraît-il, dans la galerie Camille Raspail. A voir l'éclat des chairs du pâtre et de la bergère demi-nue, le fond de paysage aperçu de la grotte et surtout le bas-relief près duquel est assis le vieillard Philetas, M. Maurice Tourneux assure qu'on serait tenté de l'attribuer plutôt à un petit neveu de Fragonard qu'à un Elève de Vincent (1).

Le tableau dans lequel il a développé peut-être le plus de talent est celui qui lui fut commandé en 1802 pour la salle de Diane du Musée Napoléon à l'époque où le gouvernement faisait exécuter les décorations du Palais du Louvre. Cette grande composition couvre l'un des pendentifs hémicirculaires de la première salle des *Antiques*. Elle représente *Diane rendant à Aricie Hippolyte rappelé à la vie par Esculape*. La scène se passe dans un paysage parfaitement adapté au sujet. Diane, chastement vêtue, est descendue de son char attelé de deux biches dont les gracieuses silhouettes se détachent sur le feuillage ; d'un geste noble quoiqu'un peu théâtral, elle montre Hippolyte qu'Esculape vient de ressusciter. Aricie, dans une attitude touchante et par un mouvement d'une justesse heureuse, implore la déesse en même

____

(1) Maurice Tourneux, *Prosper Mérimée, ses portraits, ses dessins, sa bibliothèque*.

L. Mériméo

LA FAMILLE LEBŒUF.

temps qu'elle lui témoigne sa reconnaissance. L'œuvre, dans son ensemble, manque d'originalité ; elle n'est remarquable ni par la composition ni par l'interprétation ; mais elle témoigne des qualités de métier les plus sérieuses. Par le dispositif général, l'expression des personnages, la distribution des lumières, le choix des colorations, elle est des plus honorables. Elle tient dignement sa place vis-à-vis de celle de Garnier qui occupe le pendentif opposé dans la même salle et à côté de toutes celles qui décorent la galerie des *antiques*.

Comme tous les élèves de David, Mérimée excellait dans le portrait. On va pouvoir en juger par ceux que nous repro duisons ici.

La Famille Lebœuf, fut peinte durant l'été de l'année 1797. Cette toile délicieuse, de grandes dimensions, présente très gracieusement groupés, tous les membres d'une famille réunie dans le jardin de la maison de campagne que son chef possédait à Bagneux. Au centre, M. Alexandre Jean Lebœuf (1), industriel amateur de tableaux, se tient debout. A sa gauche est assise Madame Lebœuf faisant jouer une toute petite fille debout sur un banc (2). Au pied de celle-ci, son aînée, une fillette de trois ans, tient la poupée avec gravité. Cette fillette est la future épouse de M. Taillandier, avoué à Paris, le père de M. Saint-René Taillandier. A droite de M. Lebœuf, sa sœur, une gracieuse jeune femme, se tient debout.

C'est peut-être, de toutes les œuvres de Mérimée, celle qui dénote l'exécution la plus habile. On y remarque la persistance avec laquelle il cherche dans la statuaire des motifs de décoration ; mais on ne peut que louer l'heureuse idée qu'il a eue de les mêler au paysage et on ne saurait trop admirer certains détails de la composition tels que les jolies mains de la jeune femme et la charmante petite voiture jouet de l'enfant.

Le tableau a été signalé pour la première fois par M. Lucien Pinvert (3). Il appartient à M. Gabriel Saint-René Tail-

---

(1) M. Lebœuf mourut le 13 frimaire an VII. Il avait épousé Germaine-Sophie Boullanger qui mourut en 1843.

(2) Cette petite fille, alors âgée d'un an, épousa plus tard le capitaine Sallantin, aide de camp du général Bac-Lelu.

(3) Lucien Pinvert *Sur Mérimée*.

landier qui a bien voulu nous autoriser à le reproduire (1).

Le portrait de *Talma*, en habit de ville, buste de trois quarts à droite (H 0,42 L 0,25), est au foyer des travestissements de la Comédie française. Il porte à sa partie inférieure cette inscription : « M. Talma, premier pensionnaire du théâtre « français, dessiné d'après nature en l'an VIII par M. Mérimée, « professeur de dessin à l'Ecole Centrale du Panthéon. » Talma était alors âgé de trente-deux ans. Enthousiaste de la Révolution, mis en évidence par la création des rôles superbes de Charles IX et d'Henri VIII des Tragédies de Chenier, il était déjà célèbre. Mérimée, son ami intime, était un habitué des *Soupers de Julie* (2) où se réunissaient les artistes et les hommes les plus en vue. C'est lui le premier peintre qui se soit essayé à reproduire le masque césarien du grand tragédien. Le portrait, dessiné à la pierre d'Italie, modelé assez durement et plutôt comme une statue, rappelle la manière de Guérin. Il est particulièrement intéressant par la fidélité avec laquelle y sont rendues la régularité des traits, l'expression des yeux aux regards tendres, la beauté du front, la mobilité même d'une physionomie capable d'exprimer toutes les passions.

Le portrait d'*Etienne de Wailly* (3), le premier proviseur du Lycée Henri IV est de l'époque impériale.

Mérimée avait connu de Wailly élève à l'Ecole Polytechnique en 1794 à l'époque de la fondation et, dix ans plus tard, au commencement de l'Empire, il l'avait vu prendre la direction de l'Ecole Centrale du Panthéon devenue le Lycée Napoléon. Il fit son portrait en grand uniforme de Proviseur. Nous le reproduisons ici d'après la gravure que l'on conserve au Lycée.

La belle copie du portrait du *Poussin* qui orne aujourd'hui la salle des délibérations de l'Ecole des Beaux-Arts, a été faite par Mérimée au mois de mars 1799. Elle a été, bien longtemps après, léguée par lui à l'Ecole dont il était le secré-

(1) Nous devons aussi des remerciements à M. Mirot, des Archives Nationales, allié à la famille Taillandier, qui a mis gracieusement à notre disposition la photographie du tableau.

(2) Talma avait épousé Julie Carreau, femme aimable et de haute raison.

(3) Etienne-Augustin de Wailly, né en 1770, mourut en 1821.

L. Mérimée.   A la Comédie française

PORTRAIT DE TALMA.

taire perpétuel. En l'an X, lorsqu'il fut question pour la première fois d'élever un monument à l'illustre maître français, il avait mis cette copie à la disposition de l'architecte Harou qui venait d'être chargé par le Gouvernement de faire toutes les démarches nécessaires pour assurer le succès de la souscription nationale. Harou, second grand prix de Rome au concours de 1788, était son compatriote et son camarade d'enfance. « Puisses-tu, mon cher ami, réussir dans ta sainte « entreprise ! », lui écrivait-il, en souhaitant que sa copie put être employée bientôt; mais il ne se faisait pas d'illusion sur le succès car il ajoutait dans sa lettre « nos Français d'aujourd'hui ne sont guère patriotes ». Et en effet le projet conçu et proposé par Harou (1), pendant le temps qu'il était administrateur du département de l'Eure, resta exposé dans la salle de l'Institut mais il ne fut pas exécuté (2). On sait qu'il a été remis sur l'eau en 1811, puis une fois encore en 1817 et qu'il a abouti seulement en 1848. Le nom de Prosper Mérimée a figuré alors parmi les promoteurs de la glorification du Poussin.

Signalons enfin la réduction du *Bélisaire* de Gérard que Mérimée fit pour la gravure dans les premiers temps de son retour d'Italie. Cette réduction de l'œuvre la plus empreinte de mélancolie et la plus populaire de son ami dont le talent était, à cette époque déjà, dans tout son éclat resta longtemps exposée dans la galerie Sommariva.

Telle est l'œuvre de Mérimée. Elle est strictement classique. Elle a toutes les qualités et tous les défauts de l'Ecole de la fin du xviii siècle, en insurrection depuis Vien et Lagrenée et surtout depuis David contre la fadeur des scènes sensuelles de Boucher et de Fragonard, sensible seulement

(1) Harou, Jean-Baptiste, dit le *Romain*, né en 1761 à Champeaux, près Bernay, mort à Caen le 13 janvier 1822, fut nommé administrateur du département de l'Eure le 9 brumaire an VII et installé le 27 brumaire suivant; il était encore en fonctions à la fin de frimaire an VIII.

La lettre qu'il écrivit de Paris le 18 messidor an X, au Préfet de l'Eure pour l'informer que le Ministre l'avait chargé des démarches, est conservée aux Archives départementales de l'Eure.

(2) L'exécution du projet de Sacellum conçu par Harou souleva, dès le début, les plus graves difficultés. Mérimée lui avait promis son concours et celui de Talma.

La correspondance échangée à ce sujet entre Mérimée et Harou est entre les mains de M. Danjou, professeur à la Faculté des Lettres de Caen. Elle a été signalée pour la première fois le 3 juin 1894 par M. Veuclin, imprimeur à Bernay, dans une communication faite lors de la célébration du centenaire du Poussin ; elle est restée inédite.

à la beauté des statues et des bas-reliefs antiques. Comme
tous les peintres de ce temps Mérimée a choisi ses sujets dans
la mythologie ou l'histoire grecque. Ses figures ont le port
des statues grecques ; les plis de leurs draperies rappellent
les bronzes antiques. Il a emprunté à l'art ancien ses paysages composés, ses banalités allégoriques. En même temps

L. Mérimée.

PORTRAIT D'ÉTIENNE DE WAILLY.

il n'a pu s'empêcher de céder au goût du jour pour le senti-
mentalisme. Lui aussi s'est piqué d'amour de la nature ; de
là sa préciosité. Mais il avait le culte de la forme, du dessin
sévère, de la correction des contours, de l'exacte répartition
des ombres et des lumières. Il aimait la peinture soignée et
finie. Si, chez lui, la composition reste souvent sèche et froide,
son pinceau a toujours beaucoup de fini et d'éclat, l'exécution
a quelque chose de souple et de nuancé qui rappelle celle de
Prudhon et ses harmonies d'ensemble.

Chose singulière, c'est une erreur commune à tous ceux
qui ont parlé de Leonor Mérimée de voir en lui un artiste
très ordinaire, une sorte d'amateur sans originalité. M. Augustin Filon lui-même, dans son dernier livre dont nous
avons parlé plus haut, dit : « En somme, c'était un médiocre
« distingué, un homme intelligent qui avait seulement tort
« de peindre, un curieux d'art plutôt qu'un artiste ». D'autre
part on le loue volontiers comme chimiste alors que ses
études, nous le verrons tout à l'heure, ont porté seulement
sur quelques questions spéciales de chimie. Ce serait plutôt
en cette science, dont il n'eut jamais que des connaissances
assez superficielles, qu'il aurait été un amateur ! Ne fau-
drait-il pas penser que ses biographes connaissaient mal
son œuvre ? Elle est, à la vérité, peu considérable, disper-
sée et, depuis longtemps, en grande partie détruite. Mais ce
qui nous en reste suffit pour le juger. C'était un peintre de
talent et l'on doit seulement regretter que sa production n'ait
pas été plus considérable.

Pourquoi ne le fut-elle pas ? Selon M. Filon il se serait rendu
justice, « s'apercevant le premier de sa médiocrité, chose bien
« particulière et bien rare ! » C'est encore une erreur et une
injustice. Tout autres sont les raisons qui ont obligé Mérimée
de délaisser ses pinceaux vers l'âge de quarante ans et de
cesser, à partir de l'année 1802, d'exposer aux salons bisan-
nuels pour se contenter de travailler, en manière de distraction, à des esquisses d'après Raphael et d'après Rubens.

La vérité est, qu'à cette époque il venait de se marier,
qu'il allait bientôt être père, qu'il était sans aucune fortune
et qu'il fut heureux d'accepter, des mains de puissants pro-
tecteurs, la charge de fonctions artistiques et administratives.
Ces fonctions multiples et les leçons de dessin qu'il donnait
à l'Ecole Polytechnique et dans des pensionnats, ne lui laissèrent bientôt plus de loisirs pour étudier la peinture. Il s'en
est expliqué lui-même dans une lettre qu'il écrivit plus tard
à son ami Fabre : « Je suis constamment occupé et ne fais
point de peinture », lui dit-il, ajoutant modestement : « il n'y
« a pas de mal à ça, comme je n'ai pas d'ambition, je ne suis
« pas mécontent de mon sort (1) ». A partir de 1815 il abandonna tout à fait la peinture.

(1) Lettre à Fabre du 16 janvier 1821.

II

LÉONOR MÉRIMÉE FONCTIONNAIRE

A l'Ecole Polytechnique, Mérimée remplissait les fonctions
de maître de dessin depuis les premiers jours de l'année 1795.
Il devait sa nomination à Neveu (1) qu'il avait vu autrefois
dans l'atelier de Bounieu, qu'il avait rencontré plus tard à
Rome et retrouvé au Louvre comme nous avons dit. Artiste
et lettré, doué d'une facilité extraordinaire d'élocution, Neveu
s'était distingué de bonne heure parmi les jeunes gens courant la même carrière. Revenu à Paris en 1790, après le
voyage traditionnel en Italie, il avait embrassé avec ardeur
les idées de la Révolution. Au commencement de l'année
1794, il discourait, à la *Société Républicaine des Arts* dont
il était Vice-Président, sur les moyens de faire fleurir les
arts, de les encourager et de leur imprimer un mouvement
révolutionnaire. Monge et Hassenfratz, ses collègues au
Jury de l'année précédente, le firent désigner pour les
fonctions d'*Instituteur de Dessin* à *Ecole Centrale des Travaux Publics* créée par la Convention Nationale. Quelques
mois plus tard, le Comité de Salut Public, désireux de mettre
la nouvelle institution en activité dans le plus bref délai
possible, l'ayant chargé de rassembler sur le champ les objets
nécessaires à l'étude du dessin, il réquisitionna dans les
anciennes Académies, dans les dépôts nationaux dans
les Hôtels particuliers, tous les dessins qui pouvaient servir

(1) Neveu François-Marie, né à Paris le 8 décembre 1756, mort à Paris
le 7 août 1808.

de modèle (1) et il alla ensuite chercher les plus habiles artistes pour en exécuter d'autres. Vingt-cinq dessinateurs choisis parmi les meilleurs Elèves de David, entre autres Valenciennes, Demarne, Dunouy, Bidault, Bourgeois et quelques autres, furent ainsi appelés par lui à travailler à la Maison *Pommeuse*, au coin de la rue de Bourgogne et de la rue de l'Université, dans laquelle Monge avait installé l'Ecole préparatoire. Mérimée fut du nombre de ces dessinateurs et, le 1er nivôse an III, lorsque s'ouvrirent les cours de l'Ecole qui allait s'appeler, un an plus tard, l'*Ecole Polytechnique*, Neveu se l'adjoignit, avec Jean Bosio (le frère ami du célèbre sculpteur) et les deux frères Joseph et Antoine Lemire, pour donner l'enseignement pratique sous sa direction.

Maître adjoint de dessin, il venait tous les soirs à la leçon. La séance durait trois heures à la lumière des « quinquets ». Elle se tenait dans les salles nouvellement aménagées au-dessus des grandes écuries du Palais-Bourbon. L'*Instituteur* s'était réservé d'exposer dans un cours public les principes théoriques des différents arts en se conformant au système de pédagogie artistique autrefois suivi à l'Académie de peinture. Ses adjoints passaient derrière les Elèves, corrigeaient leurs dessins et donnaient à chacun des explications et des conseils. Mérimée s'attachait surtout à rendre les futurs ingénieurs attentifs aux formes ; il leur montrait comment on peut les saisir dans l'ensemble et dans les détails, et arriver à représenter tous les objets de la nature. En l'absence du professeur, c'était lui qui dirigeait l'enseignement. Lorsque Neveu fut envoyé en Bavière à la suite de l'armée de Moreau en 1800 pour rapporter les objets d'art ou de science qui pouvaient orner nos musées ou servir à nos Ecoles, ainsi que Guyton-Morveau avait fait en Belgique et Monge en Italie, il le suppléa pendant toute la durée de sa mission. A sa mort, au

---

(1) C'est ainsi que l'Ecole Polytechnique possède aujourd'hui une admirable collection de dessins de Nicolas Cochin, de Fragonard, d'Hubert Robert, de Lepaon, de Desprez, de David et de quelques autres maitres du XVIII⁰ siècle. Ces dessins, qui ont servi de modèles aux Elèves à l'époque de la fondation de l'institution, ont heureusement été conservés et sont exposés depuis quelques années dans la Salle d'Honneur. Ils ont été très habilement reproduits en fac-simile dans l'ouvrage que nous avons récemment publié sous ce titre : *Trente Dessins de Moitres du XVIII⁰ siècle conservés à l'Ecole Polytechnique, avec une introduction et des notes*, par G. Pinet, bibliothécaire de l'Ecole. Paris, chez André Marty, éditeur, 20, rue Bertrand.

mois d'Août 1808, il semblait désigné pour le remplacer. Un moment on crut qu'il serait nommé professeur ; mais Vincent et Regnault de l'ancienne Académie, Menageot l'ex-Directeur de l'Académie de France à Rome, l'architecte Baltard, s'étant mis sur les rangs, il retira bien vite sa candidature. Ce fut Vincent qu'on nomma. On sait quel éclat firent rejaillir sur la chaire de l'Ecole la situation prépondérante de ce grand artiste, l'admiration générale excitée par ses dernières œuvres, son érudition littéraire, la facilité remarquable avec laquelle il exposait la théorie et l'histoire de son art. Mérimée fut heureux de rester le collaborateur de son ancien maître. Une affection sincère, bienveillante de la part de l'un, respectueuse de la part de l'autre, les unissait. En voici une preuve : comme Vincent avait un jour conçu des doutes sur un portrait de Raphael acheté par lui au Palais Altoritti, Mérimée pria Picot de dessiner la tête de Raphael qui est dans l'Ecole d'Athènes à côté de celle du Pérugin et de la lui envoyer. La copie lui fut apportée par un jeune artiste arrivant de Rome, mais il la reçut lorsque Vincent était à l'agonie. « Mon maître aurait eu une satisfaction de « plus, si elle fut arrivée à temps », écrivit-il à Fabre (1), exprimant ainsi, d'une manière vraiment touchante, le chagrin que ce retard lui avait causé.

Le professeur et son adjoint restèrent en fonction tous les deux jusqu'à la fin de l'Empire. En 1814, Mérimée craignit un moment de perdre sa place. A la première rentrée des Bourbons la réaction menaçait. Il disparut pendant quelque temps, si bien que ses neveux s'inquiétèrent. On lit en effet dans une lettre d'Augustin Fresnel (2) à son frère datée de Nyons le 3 novembre 1814 : « Dis-moi donc ce qu'est devenu notre oncle ; il y a plus d'un mois que je lui ai envoyé un gros mémoire de mes rêveries et il ne m'a pas répondu. » L'orage passé, il reparut. Mais ses craintes n'étaient que trop justifiées. Après les Cent jours commença l'épuration générale des fonctionnaires de toutes les administrations. L'Ecole Polytechnique fut l'un des premiers établissements frappés. Des professeurs, des agents furent renvoyés. Arago faillit être

(1) Lettre à Fabre du 4 novembre 1816.
(2) Lettre insérée dans l'édition des œuvres d'Augustin Fresnel publiée par l'Académie des Sciences.

éloigné à cause de ses opinions politiques. Mérimée fut destitué.

Le coup lui fut très sensible. Six ans plus tard il en ressentait encore de l'amertume. « J'ai été un peu froissé en 1815, « écrivait-il à son ami Fabre, un homme qui possédait une « place de mille écus d'appointements devait être dénoncé, je « le fus. Je perdis ma place de professeur à l'Ecole Polytech- « nique (1) ». Il y avait professé pendant vingt ans avec le plus grand zèle et le plus complet dévouement.

(1) Lettre à Fabre du 22 novembre 1821.

A l'Ecole des Beaux-Arts Mérimée a rempli pendant trente ans les fonctions de Secrétaire perpétuel. Cette Ecole fut formée, comme on sait, de la réunion des anciennes Ecoles de peinture, de sculpture et d'architecture qui étaient placées jadis sous la direction des *Officiers* de l'Académie. Son premier secrétaire perpétuel, Antoine Renou, peintre écrivain, poète et auteur dramatique à la fois, se dévoua à sa reconstitution depuis l'année 1793 et en fut véritablement l'âme jusqu'en 1806 (1). Quand l'âge commença à l'atteindre, on décida de lui donner un adjoint mais qui ne recevrait aucun traitement. Mérimée, sur la recommandation de Lucien Bonaparte, fut désigné pour cet emploi et nommé par le Ministre Chaptal, au milieu de l'année 1804 (thermidor an XII). La faveur le suivait depuis son retour d'Italie. Dans maintes occasions d'ailleurs il avait su faire apprécier son talent, son aptitude aux choses d'art en général, son goût fin et délicat. En 1795, à un moment où il était question d'échange de tableaux entre le Muséum Français et la Galerie de Florence, Ginguenné l'avait désigné, comme celui qui gardait le souvenir le plus frais des richesses d'art italien, pour faire partie du Jury

(1) Jouin Henri, *Antoine Renou, Premier Sercétaire perpétuel de l'Ecole des Beaux-Arts*, Paris, 1905, in-8°. Renou eut d'abord le titre de Surveillant des Ecoles du Louvre et ne prit le titre de Secrétaire perpétuel qu'en 1804.

6

d'artistes chargé d'examiner les propositions (1). L'année suivante, lorsqu'on reprit les Concours fondés par Latour et Caylus, on l'avait choisi, avec un nombre de peintres égal à celui des professeurs de l'Ecole, pour juger des œuvres présentées. Le jour de la mort de Renou (2), le 13 décembre 1806, l'assemblée des professeurs, sur le rapport de Champagny, le présenta à l'unanimité pour lui succéder et, le 24 janvier 1807, le Ministre le nomma Secrétaire perpétuel.

De tous les postes qu'il fut appelé à occuper, celui-là lui plaisait par-dessus tous. Grâce à la protection du duc Decazes dont il était connu « de longue main » ainsi que nous l'apprend une de ses lettres à Fabre, il eut la chance de le conserver sous le Gouvernement de la Restauration et il le garda jusqu'à la fin de sa vie. Ses fonctions étaient à peu près les mêmes que celle du Directeur actuel ; elles comportaient la direction et l'administration de l'Ecole sous le contrôle de l'assemblée des professeurs, comme à l'origine des Académies royales. Trente ans il s'en acquitta avec un admirable dévouement. Durant toute cette longue période, il prit à tous les travaux la part la plus active, il assura la marche de l'enseignement, et il fut, lui aussi, l'âme de l'institution.

Depuis sa fondation l'Ecole des Beaux-Arts campait au Palais du Louvre où les tableaux et les statues arrivés de tous les musées de l'Europe lui disputaient la place. En 1802 on avait décidé déjà de lui faire évacuer ce palais qu'on voulait achever et en 1804 un décret impérial avait affecté à ses services l'ancien collège des *Quatre-Nations* ; mais, en 1805, le transfert n'était pas encore commencé. Mérimée prit possession de ses fonctions au moment où l'on allait démolir les salles qu'elle occupait. Il obtint, à la suite de démarches pressantes, l'ordre de procéder à la translation et, par sa diligence, par ses mesures habiles, l'Ecole fut réorganisée dans les bâtiments du collège, sans occasionner de trouble, sans nécessiter d'interruption dans les études comme le redoutaient les professeurs.

Au Palais-Mazarin, qui prit alors le nom de *Palais des Beaux-Arts*, il prononça le 23 février 1809, à la première dis-

---

(1) On parlait d'échanger les tableaux de St-*Gervais et de* St-*Protais* contre une toile d'André del Sarto.

(2) Renou était né en 1731.

tribution des médailles, un remarquable discours sur les progrès des arts du dessin. S'adressant aux jeunes artistes, en présence du Ministre de l'Intérieur, du chef de bureau des Beaux-Arts, et de la députation de l'Institut, il leur dit : « Le dessin pris dans son acception la plus générale est la « source commune d'où découlent les trois arts qui sont « l'objet de vos études. Le peintre et le statuaire y puisent le « talent d'imiter avec précision ce que la nature produit de « plus capable de nous émouvoir. L'architecte y trouve le « moyen de concevoir le plan d'un édifice et de revêtir cet « édifice des formes extérieures qui annoncent sa destina- « tion. Le peintre et le sculpteur ont le même but ; mais cha- « cun d'eux emploie des moyens différents qui ne conviennent « qu'à lui... » Il traça ensuite devant eux une rapide esquisse de l'histoire de ces trois arts différents par leur génie mais entre lesquels le dessin, leur origine commune a établi des rap- ports si intimes que leur destinée a été la même dans tous les temps, qu'ils sont parvenus ensemble au plus haut point de la perfection, qu'ils ont marché en même temps à leur déclin : « Leur décadence, dit-il, n'est jamais de longue durée. « Après un sommeil plus ou moins long, ils se réveillent, se « régénèrent par l'imitation de la nature et des anciens et ce « retour à la vie est le résultat d'une meilleure direction « donnée aux études. » Et il termina par de sages conseils destinés à prémunir leur jeunesse contre les impatiences de l'ambition et contre l'aveuglement de la vanité.

Cependant, aux Quatre-Nations, l'installation de l'Ecole n'était que provisoire. Elle venait à peine d'être terminée que l'Institut, à l'étroit dans les bâtiments de l'aile droite, de la façade et de la rotonde, réclama tous les locaux de l'aile opposée à la bibliothèque. L'évacuation de ces locaux fut résolue et l'on se mit à la recherche d'un emplacement con- venable. Plusieurs projets de translation furent étudiés. Un moment il fut question d'installer l'Ecole dans l'Hôtel de Larochefoucauld, rue de Seine. On parle aussi de construire un bâtiment sur le terrain du quai d'Orsay ou sur celui des Inva- lides. Puis, comme il arrive toujours, le provisoire se prolon- gea et les choses restèrent en l'état jusqu'en 1816. Cette année- là parut l'ordonnance royale datée du 18 décembre, qui affectait à l'Ecole des Beaux-Arts l'ancien couvent des *Petits-Augus- tins* dans lequel Alexandre Lenoir avait organisé, sous la

Révolution, le *Musée des Monuments français*. Il fallut encore approprier ces locaux à leur nouvelle destination. Leur aménagement demanda beaucoup de temps. Dans le principe on voulut jeter bas toutes les vieilles masures du couvent et élever sur leur emplacement une Ecole neuve. Les plans furent arrêtés, les travaux commencèrent ; mais on les exécuta mollement et les crédits alloués passèrent surtout en restauration de débris. Des changements furent ensuite apportés à la direction des travaux. On crut devoir les confier aux professeurs mêmes de l'Ecole, à Vaudoyer d'abord, ensuite à Debret. Il en résulta de grands retards et les constructions, comme on sait, s'achevèrent seulement sous le règne de Louis-Philippe.

Quelles préoccupations, quels soucis, pendant tout ce temps pour le secrétaire perpétuel ! Il faut qu'il soit constamment sur les lieux, que son action s'exerce de tous les côtés à la fois. Nous le voyons s'employer à ménager la susceptibilité des architectes, à presser les locataires récalcitrants d'évacuer les locaux qu'ils occupent, à arrêter les dispositions à prendre pour le transfert, à indiquer les moyens d'exécution les plus prompts et les plus faciles, à faire exécuter enfin toutes les opérations de la translation et de l'installation nouvelle conformément au plan général approuvé par le Ministre. Ce n'est pas tout encore ! Il doit mettre en vigueur le nouveau règlement d'organisation qui remplace le statut de l'ancienne Académie de peinture par lequel l'Ecole a continué d'être régie depuis sa fondation. Une commission de professeurs a arrêté ce plan d'organisation (1) ; mais il est nécessaire que le Secrétaire y fasse apporter des modifications pour en assurer l'exécution plus exacte. L'activité, le zèle, la science de Mérimée suffirent à toutes les tâches.

Les rapports qu'il adressa au ministre de l'intérieur eurent particulièrement pour objet d'appeler son attention sur l'état précaire de l'enseignement et de solliciter les moyens dont jusqu'alors on l'avait privé.

---

(1) Le plan d'organisotion de l'Ecole des Beaux-Arts arrêté en 1817 a été suivi sans changement appréciable jusqu'en 1863. A cette date un décret impérial enleva la direction de l'Ecole à l'Assemblée des Professeurs et la donna à un Directeur nommé pour cinq ans et assisté d'un Conseil Supérieur d'enseignement.

Le 8 février 1819, à la suite de la discussion approfondie à laquelle prirent part tous les professeurs de la section de peinture, il lui exposa les avantages qu'il y aurait à fonder pour cette section une chaire d'Histoire et d'antiquités. « La « simple connaissance d'une action susceptible d'être repré- « sentée par le moyen de son art ne suffit pas à l'artiste », écrivit-il au Secrétaire Général Amaury Duval, « il faut « encore qu'il puisse caractériser convenablement ses person- « nages, le lieu de la scène ; il faut donc qu'il possède les « connaissances qui composent ce qu'on appelle la science « du costume, science encore à faire, du moins telle qu'elle « devrait l'être pour le besoin des peintres et des sta- « tuaires (1). » Et il montrait combien il serait avantageux pour les Elèves de trouver au sein de l'Ecole des notions indispensables difficiles à acquérir et éparses dans beau- coup de livres. Ce vœu de Mérimée a reçu satisfaction beau- coup plus tard, longtemps après sa mort, par la création d'une chaire d'Histoire de l'art et d'esthétique.

Le 4 février de l'année suivante, déplorant la négligence qu'apportaient la plupart des Elèves de la Section d'Archi- tecture à l'étude de la construction pour s'adonner exclusive- ment au dessin et à la composition, il écrivait au ministre : « Il est arrivé de là que plusieurs des jeunes architectes qui « ont obtenu les plus brillants succès à l'Ecole sont, même à « leur retour d'Italie, si peu instruits en construction qu'on « pourrait à peine leur confier la construction du moindre « édifice ». Il indiquait ensuite la cause de leur négligence pour une science que ces jeunes gens savaient bien leur être indis- pensable. « Le but vers lequel ils tendent à l'Ecole, disait-il, « est le grand prix. On ne les juge pas au Concours sur leur « science théorique mais uniquement sur leur talent en com- « position. Ils doivent donc, dans leur intérêt, suivre la route « la plus courte et s'attacher de préférence à l'étude la plus « nécessaire pour arriver à leur but. » Il montrait enfin com- ment il serait possible, sans faire de changement sensible dans le régime, de déterminer les Elèves à ne négliger aucune des parties nécessaires à l'exercice de leur art. « Il suffirait, « assurait-il d'introduire dans les réglements cette condition « qu'aucun Elève ne pourrait être admis à concourir sans avoir

(1) Voir cette lettre tout entière à l'Appendice.

« prouvé qu'il était suffisamment instruit dans la théorie et
« dans la pratique de la construction (1). » Sa proposition n'a
pas été entendue ; mais le mal signalé par lui subsiste
aujourd'hui tout entier et les plus distingués de nos architectes, s'ils n'acceptent pas entièrement ses reproches peut-
être un peu sévères, s'accordent à reconnaître que le
Règlement du Concours pour le grand prix devrait être
modifié d'après ses vues.

Sur la fin de la carrière administrative de Mérimée les
documents font à peu près défaut ou, du moins, nos
recherches n'ont pas réussi à les faire retrouver. Nous aurions
voulu retracer son rôle alors que l'Ecole des Beaux-Arts réorganisée suivait sa marche normale et régulière, parler des
mesures intérieures dont il fut l'inspirateur, des discussions
auxquelles il prit part au Conseil de l'Ecole, de sa correspondance avec le Ministre, avec les administrations, avec les
artistes, de ses discours aux distributions solennelles des
récompenses, de ses rapports quotidiens avec les professeurs,
de ses Causeries familières et de ses exhortations paternelles
aux Elèves, montrer enfin jusqu'au dernier jour ses efforts
incessants, son action, son influence. Il nous faut confesser
le regret de laisser cette étude incomplète.

On connaît une partie de sa correspondance avec Guérin
qui fut Directeur de l'Académie de France à Rome de 1823 à
1829. Six des lettres qu'il lui adressa ont été publiées (2).
Elles traitent presque toutes de questions intéressant les
Beaux-Arts. Dans l'une il lui parle des ornements moulés sur
un fragment de la Corniche du Temple de *La Concorde* qu'on
venait d'exposer à Paris. Dans une autre il lui envoie la liste
des Directeurs et des pensionnaires de l'Académie et, à propos
de ceux-ci, il lui fait remarquer, qu'à l'origine surtout, les
seconds prix étaient envoyés à Rome. Les deux artistes res-
sentaient l'un pour l'autre une sympathie naturelle. Ils avaient
été les Elèves de Vincent et ils étaient restés tous les deux
des admirateurs passionnés de l'antique.

Ses relations avec Ingres ont été des plus affectueuses.
Lorsque l'illustre maître vint en 1829 professer à l'Ecole des
Beaux-Arts, Mérimée, son aîné de bien des années, qui avait

1) Archives de l'Ecole des Beaux-Arts.
2 Ces lettres de Mérimée à Guérin portent les dates des 12 janvier et
31 décembre 1826, des 13 août et 19 novembre 1827, des 8 et 31 janvier 1828.

applaudi à son triomphe après *le Vœu de Louis XIII*, eut pour
lui les attentions les plus délicates. Ingres, dans l'ivresse du
succès, ne l'oublia jamais. De Rome il écrivait aux frères
Balze le 10 mai 1836 : « Ayez la bonté de nous rappeler au
« souvenir de M. et Mme Mérimée ; nous ne parlons jamais
« d'eux qu'avec tendresse et reconnaissance pour toutes les
« bontés qu'ils ont eues pour nous. » Et le 2 février 1839
longtemps après la mort de Mérimée, il écrivait à Dumont qui
l'avait remplacé comme secrétaire perpétuel : « Que de
« ravages, que de soustractions a fait le temps depuis deux
« ans en commençant par le bon Mérimée. Sa pauvre veuve,
« nous n'en avons aucune nouvelle. Veuillez bien nous rap-
« peler à son bon souvenir (1). » Avant de partir pour la Villa
Médicis il avait tenu à laisser à son ami un souvenir durable
de son affection et de sa gratitude et il avait dessiné de lui un
petit portrait à la mine de plomb. Ce portrait a été précieuse-
ment conservé. Légué par Léonor Mérimée à son neveu et
filleul Léonor Fresnel, inspecteur général des Ponts et Chaussées, il appartient aujourd'hui à Madame Rérolle, dont la
tante Madame Régnier était amie intime de Madame Mérimée.
Nous avons admiré dans sa maison de Saint-Cheron ce chef-
d'œuvre de la précision du dessin. Une excellente héliogravure
en a été faite il y a quelques années par M. Henri Jouin,
le savant secrétaire de l'Ecole des Beaux-Arts, qui s'était proposé à ce moment de publier une histoire des secrétaires per-
pétuels. Combien le lecteur doit regretter qu'il n'ait pas donné
suite à son projet ! Il a mis cette héliogravure à notre disposition; nous lui en exprimons notre vive reconnaissance.
Grâce à lui, nous avons pu reproduire ici le merveilleux portrait dans lequel, avec un art infini, Ingres a rendu en quelques traits la bonhomie souriante, caractère essentiel de la
physionomie de Léonor Mérimée (2).

La Correspondance de l'abbé Requien conservée à Avignon,
qui n'a pas encore été publiée, renferme trois lettres de
Léonor Mérimée. Nous avons obtenu des administrateurs du
Musée Calvet l'autorisation de les reproduire (3). L'une de
ces lettres, datée du 13 février 1835, est relative à un grand

(1) *Ingres d'après sa Correspondance* par Boyer d'Agen.
(2) Le portrait porte, au dos du cadre, écrit de la main de Mérimée :
« *après moi à Léonor Fresnel* ».
(3) Voir ces trois lettres à l'Appendice.

projet d'Ecole d'Architecture qu'il avait conçu. Elle prouve qu'à cette date, Mérimée, âgé de soixante dix-huit ans, se préoccupait encore des moyens d'améliorer l'enseignement de l'Ecole des Beaux-Arts. Convaincu de la nécessité d'établir près de la section d'architecture un conseil de perfectionnement analogue en quelque sorte à celui qu'il avait vu fonctionner à l'Ecole Polytechnique, il avait, peu de temps auparavant, proposé la création de ce conseil à l'assemblée des professeurs ; mais sa proposition avait rencontré une opposition qu'il lui avait été impossible de vaincre. C'est alors qu'il conçut e projet de ne faire qu'une seule corporation des Ponts et Chaussées et des Architectes, projet dont on trouve la trace dans la lettre curieuse adressée à l'abbé Requien. « Il n'existe pas » lui dit-il « un seul architecte parmi les ingé-
« nieurs et nous avons peu d'architectes qui pourraient cons-
« truire un pont. Toutefois nous trouverions plutôt des archi-
« tectes qui dirigeraient les travaux de la construction la plus
« difficile que nous trouverions un ingénieur capable de faire
« un petit casier de Prince ayant le sens commun. Dans mon
« projet j'affirmerais que les Elèves se classeraient naturel-
« lement, les uns parmi les dessinateurs, les autres parmi les
« constructeurs. Il n'y manquerait qu'une chose c'est la possi-
« bilité d'exécution ». Ce projet n'était pas sans analogie avec celui qu'on avait présenté en 1820 dans le but de recevoir à l'Ecole des Beaux-Arts un certain nombre de Polytechniciens qui seraient appelés à occuper dans les départements la place des architectes chargés des travaux soumis à la surveillance du gouvernement. Il faut peut être y voir l'origine d'un autre projet que le ministre mit à l'étude dans le courant de cette même année 1835, auquel il ne fut pas donné suite et qui consistait à créer un Corps d'Architectes des villes recrutés à l'Ecole Polytechnique.

En 1836, l'année même de sa mort, Mérimée eut encore à s'occuper des travaux d'achèvement du Palais de l'Ecole des Beaux-Arts. La démolition d'une partie des bâtiments de l'ancien cloître des Petits-Augustins, décidée depuis trois ans, venait d'être ordonnée. Elle devait entraîner la disparition du logement occupé par le Secrétaire perpétuel. Au moment où les travaux allaient commencer il écrivit au Ministre de l'Intérieur une lettre dont un passage mérite tout particulièrement d'être retenu :

« Dans deux ans seulement », disait-il, « la portion de bâti-
« ments qu'on va démolir sera reconstruite et contiendra les
« bureaux du Secrétariat et le logement du Secrétaire. A l'âge
« que j'ai, je n'ai pas assurément l'espérance de l'occuper ;
« mais je n'en désire pas moins que mon successeur y soit
« commodément et, au premier rang des avantages dont il
« me paraît convenable de le faire jouir, je place un atelier
« bien éclairé. C'est dans cette intention, bien désintéressée
« de ma part, que je désire avoir communication des projets
« de M. Duban. »

On voit par cette lettre datée du 18 février 1836 et conservée
aux Archives de l'Ecole des Beaux-Arts, qu'à l'âge de
soixante-dix-neuf ans, alors qu'il ressentait déjà les atteintes
du mal qui devait l'emporter, qu'il était menacé d'avoir à
déménager à bref délai (1), il se préoccupait uniquement des
moyens d'assurer, le mieux possible, l'exécution des travaux
confiés à sa surveillance. Cependant le personnel de l'Ecole
s'émut de sa situation. Une pétition fut adressée au Ministre
des Travaux Publics pour qu'une somme de cinq cents francs
lui fut allouée à titre d'indemnité de déplacement, en raison,
exposaient ses Collègues, « du grand âge, de l'extrême modi-
« cité du traitement et du défaut de fortune de cet artiste
« vénérable ! » Démarche vraiment touchante, toute à l'honneur de ceux qui l'inspirèrent et de celui qui en fut l'objet.
Que pourrait-il être ajouté à ces preuves de zèle et de désin-
téressement du fonctionnaire, à ces témoignages de l'estime
et de la sympathie générale, dont il était entouré.

---

(1) Mérimée avait arrêté pour le 15 avril suivant un logement situé
rue des Marais dont le prix était de 1.450 fr.

A la Société d'Encouragement pour l'Industrie Nationale,
il fut le plus assidu, le plus zélé, le plus dévoué de tous les
membres pendant trente trois ans. Bien que son nom ne figure
pas sur la liste des savants et des industriels qui assistèrent
à la première réunion de la société, le 12 vendemiaire an X,
on n'en doit pas moins le regarder comme un de ses fonda-
teurs, au même titre que les savants de l'Ecole Polytechnique
avec lesquels il travaillait depuis plusieurs années et les
représentants des sociétés savantes qui vinrent offrir le concours de leurs lumières à la société naissante. Quelques mois
plus tard il faisait, en effet, partie de son comité des Arts
chimiques à côté de Berthollet, de Fourcroy, de Guyton-
Morveau et de Vauquelin et il était nommé, en même temps
que Vincent, membre du Jury chargé de distribuer les récompenses aux manufacturiers et aux artistes (11 fructidor, an X).
Bientôt, ce comité ayant décidé de publier un *Bulletin* dans
le but d'encourager les recherches, les essais, les tentatives,
de propager les découvertes existantes, de provoquer les
découvertes nouvelles, de faire une histoire raisonnée et
progressive des arts chimiques, on le chargea d'en diriger et
d'en surveiller la rédaction. C'est en cette qualité qu'il rédigea
une foule de rapports spéciaux sur les sujets les plus divers :
la fabrication du blanc de céruse, le tissage des châles de
cachemire, le collage du papier, les procédés de fabrication
de l'acier, la préparation des produits de teinture, la coutellerie, la préparation des cuirs odorants de Russie, des peaux
chagrinées, des encres de chine, etc., etc. Il s'attacha, dans
ces rapports, à présenter les observations qu'il avait été à

même de faire, en participant aux opérations des Jurys, sous
une forme qui permit de rendre profitable à l'avenir les leçons
de la pratique et particulièrement d'utiliser pour les arts
toutes les découvertes de l'industrie.

Ainsi en 1805, quand Grégoire d'Aix mit sous les yeux du
Comité les échantillons de velours imitant la peinture fabriqués par lui à l'Hôtel Vaucanson, conjointement avec Conté
et Mollard, il signala l'importance d'une découverte qui per-
mettait à un ouvrier ordinaire de tisser en quelques heures
une peinture exigeant jusqu'alors beaucoup plus de temps et
la main d'un habile artiste. De toutes les fabrications de
tissus où l'on se promettait d'imiter les effets de la peinture
c'était celle qui, pour des objets délicats, lui paraissait appro-
cher le plus de la perfection. L'inventeur connaissait à fond
les divers moyens de machines à tisser, de plus, il était instruit des procédés de la peinture et il savait assez bien peindre
pour pouvoir juger de l'exactitude de l'imitation. Son succès
fournissait, aux yeux de Mérimée, la preuve de la nécessité de
réunir les arts et les sciences exactes pour favoriser les progrès de l'industrie. Il détermina le ministre de l'Intérieur à
recommander chaudement à l'Empereur l'intéressante découverte et il fit obtenir à Grégoire la commande d'un ameublement
pour les châteaux impériaux et pour les palais de nos ambas-
sadeurs à l'étranger (1).

La même année il constatait l'insuccès des tentatives
faites depuis quatre ans pour porter les manufactures de
blanc de plomb au point de perfectionnement où étaient
arrivées depuis longtemps celles de Hongrie et il l'attribuait
moins aux difficultés de fabrication de ce produit qu'aux cir-
constances générales qui retardaient momentanément la pros-
périté du commerce.

Le 7 novembre 1810, à la suite du concours organisé par la
Société dans le but d'encourager la gravure en taille de relief,
il attira l'attention sur un art fort prisé au XVI⁰ siècle,
discrédité alors, mais qui ne devait pas tarder à reprendre en
France, à l'époque romantique, un vigoureux essor. « Au
« milieu du mouvement général qui a ramené les arts du
« dessin dans une meilleure route, disait-il, nos graveurs en

(1) Extrait du *Moniteur* du 17 janvier 1806 reproduit dans la Notice
biographique consacrée à Mérimée par Lacroix.

« bois étaient restés seuls fort en arrière, ils ne s'exerçaient
« qu'à découper, ils étaient incapables de dessiner eux-mêmes
« les traits qu'ils avaient à découper ; aussi a-t-on cherché à
« provoquer la découverte d'un moyen qui facilitât la gravure
« en taille de relief au point qu'un graveur en taille douce
« pût l'exécuter sans un long apprentissage. » Il expliqua
qu'en choisissant ce sujet de concours la Société d'Encouragement ne s'était pas proposé, à la vérité, de procurer à la typo-
graphie un nouveau moyen d'orner les éditions de luxe avec
des vignettes car toutes parfaites que celles-ci puissent être,
disait-il, elles sont cependant bien inférieures aux belles
estampes en taille douce. Parmi les concurrents dont les
efforts avaient abouti à réaliser des perfectionnements différents, il fit décerner le prix à Duplat qui avait fourni aussi
des renseignements très importants sur les procédés de la
gravure anglaise et qui, en outre, avait présenté de fort belles
planches pour l'édition des Fables de La Fontaine entreprise
par Lenoir.

Nous ne saurions assurément pas analyser ici tous ces
Mémoires rédigés par Mérimée. On les trouvera dans les
procès-verbaux des séances de la Société d'Encouragement.
Ils sont remplis d'indications utiles, d'observations précieuses. L'un, qui traite des papiers de végétaux fabriqués à
Lucques, nous renseigne sur les procédés de fabrication du
papier avec les diverses substances végétales, sur les qualités
à obtenir, sur la solidité que doivent posséder les papiers suivant leur destination (28 septembre 1808). Un autre, dont la
manufacture de rasoirs établie à Thiers est l'objet, fait res-
sortir que l'industriel de ce pays est parvenu à donner à l'un
des ouvrages de coutellerie les plus difficiles à fabriquer un
degré de perfection jusqu'alors inconnu et que, par la modi-
cité des prix, il a procuré à notre commerce les moyens de
soutenir la concurrence avec les fabriques étrangères. Toutes
les questions qu'il traite, il les étudie, les approfondit ; souvent il a recours à l'expérience afin d'asseoir son jugement.
Doit-il, par exemple, donner son avis sur des lampes à double
courant d'air, en forme de roues, que l'inventeur Bordier de
Versoix a nommées *lampes astrales*, parce qu'elles sont destinées à éclairer de haut en bas, il les emporte à l'Ecole Polytechnique, il les installe dans l'une des salles d'études et dans
la salle de dessin et, secondé par Guyton-Morveau, il les

compare avec d'autres lampes (26 octobre 1808). Il en envoie
même à son beau-frère d'Avallon avec une explication du
mécanisme. Veut-il se rendre compte de la valeur d'un noir
d'impression pour la gravure en taille douce que présente un
sieur Jouglas, il se rend chez l'inventeur, assiste à la préparation des matières charbonneuses, emporte chez lui la pâte
liquide pour la faire sécher et l'examiner attentivement, fait
essayer le noir à la Calcographie du Louvre et l'ayant trouvé
aussi beau que celui de Francfort, il conclut en demandant
que le prix soit décerné à l'inventeur (7 décembre 1808).
S'agit-il d'apprécier les cuirs odorants qu'il désirerait voir
employer par la Bibliothèque royale, à la place du maroquin,
pour la reliure des beaux ouvrages, il assiste à l'apprêt de
ces cuirs imitant ceux de la Russie qu'on prépare dans la
grande fabrique nouvellement installée rue de Lourcine par
Duval-Duval.

Tout ce qui intéresse les Beaux-Arts excite particulièrement son attention, bien que la Société d'Encouragement
n'ait point à s'occuper de ces questions. Ainsi lorsque Brunn-
Neegard, amateur passionné, possesseur d'une très belle
collection de dessins, dont les communications importantes
sur l'état des arts en Danemark avaient vivement intéressé
déjà la Société, vient offrir au Comité son *Voyage pittoresque
dans le nord de l'Italie*, Mérimée tient à rendre compte de cet
ouvrage. Il montre à ses collègues les dessins exécutés par
Naudet de tous les sites visités, de tous les objets qui ont
attiré l'attention du voyageur et il fait passer sous leurs
yeux les gravures dans lesquelles Debucourt a porté l'imitation si loin, que l'œil le plus exercé, assure-t-il, pouvait être
trompé et les prendre pour des originaux. Une pareille œuvre
lui semble propre à répandre et à épurer le goût. Les mêmes
considérations l'amènent à présenter à l'assemblée générale
des membres de la Société des impressions sur porcelaine et
des collections de gravures lithographiques, les unes offertes
par Engelmann, les autres par le comte de Lasteyrie.

Les questions de métier, elles aussi, le préoccupent. Ainsi,
la fréquence des accidents qui arrivent aux graveurs dans la
préparation de leurs planches n'a rien qui le surprenne.
« Elle tient, dit-il, à ce qu'ils ont la sottise de les faire vernir
« par des ouvriers spéciaux alors qu'on ne devrait sur ces
« choses s'en rapporter à personne ! » Mais il voudrait leur

Alex. Fragonard.   Musée de Sèvres.

L. MÉRIMÉE, SECRÉTAIRE DU JURY DE L'EXPOSITION DE 1819.

éviter tous ces accidents. Il tâche alors d'obtenir des renseignements sur les procédés employés par les graveurs anglais.
Il prie un de ses amis de Londres de lui dire s'il est bien
exact que ceux-ci aient trouvé le moyen de mettre très promptement en harmonie une planche gravée en faisant remordre
par l'eau forte les parties qu'ils veulent rendre plus vigoureuses et en bouchant plus ou moins avec un vernis les
tailles qu'ils veulent affaiblir.

Il s'occupait sans cesse de recherches et d'études. Il essaya
une foule de procédés nouveaux pour la fabrication du papier.
Lacroix, dans la notice qu'il lui a consacrée dans le dictionnaire de Didot, dit qu'il avait inventé un papier à gargousses
fabriqué avec des rognures de peau qu'on adopta dans la
marine militaire. Il se faisait envoyer d'Avallon, par un de
ses beaux-frères, des échantillons de pierres lithographiques
dont le grain ressemblait à celles qu'on tirait d'Allemagne. Il
demandait à l'autre, qui était propriétaire de charbonnières
en Saône-et-Loire des renseignements sur la pierre de Crisnon et il s'inquiétait de savoir si les petites veines de cette
pierre d'un grain très fin étaient horizontales et formaient
des divisions dans la pierre parce que cela épargnerait la
peine de les scier sur l'épaisseur (1). Il avait pris un brevet
pour un perfectionnement ajouté au mécanisme de la
harpe (2). Nous le verrons tout à l'heure fabriquer lui-même
des vernis et préparer des couleurs d'un éclat indélébile et
d'une durée presque éternelle.

A la suite de ces rapports, qui formeraient des volumes, il
se félicitait de voir de nombreuses manufactures s'élever pour
assurer à la France l'approvisionnement des matières qu'elle
tirait auparavant du dehors. Il admirait les efforts et les
résultats du génie et il glorifiait la Société d'Encouragement
d'avoir, par sa sollicitude pour le progrès, fait naître des
découvertes nouvelles.

En 1817 il fut envoyé à Londres par le duc Decazes
pour étudier l'état de l'industrie en Angleterre. Il en revint
avec un travail qui servit au ministre pour proposer au roi

(1) Nous avons sous les yeux les lettres adressées à ses beaux-frères
Paul et François Moreau que leur arrière-neveu, M. Schmitt, nous a
communiquées.
(2) Ce brevet, pris le 11 juin 1818, est inscrit au Catalogue des Brevets
de l'année 1825 sous le numéro 898.

Louis XVIII le rétablissement de l'exposition des produits
de l'industrie nationale. L'exposition s'ouvrit deux ans après.
Costaz fut le président du Jury et Mérimée le secrétaire. La
distribution des récompenses eut lieu dans une des salles du
Palais du Louvre le 25 septembre 1819. Il existe à la manufacture de Sèvres une grande toile d'Alexandre-Evariste Fragonard qui représente la cérémonie. Au centre de la composition, Louis XVIII, debout sur une estrade, vêtu d'une robe
bleue fleurdelysée, portant un long manteau d'hermine flot-
tant et le collier du Saint-Esprit, tient de la main gauche son
chapeau à plumes blanches et de la main droite une décoration. A gauche le comte Decazes, ministre, secrétaire d'Etat
au département de l'Intérieur, tient à la main la liste des
récompenses demandées par le Jury pour les exposants qui
s'avancent derrière lui. A droite, le comte d'Artois se tient
debout à côté d'un dignitaire de l'Eglise. Des industriels dra-
pés dans leurs manteaux, des représentants de l'industrie
métallurgique, s'avancent sur la droite et sur la gauche de
la scène centrale. On reconnaît parmi eux Oberkampf, le
célèbre manufacturier de Jouy, le chimiste d'Arcet, le cons-
tructeur Bréguet, l'horloger Wagner, l'éditeur Firmin Didot.
Tous les portraits ont été traités avec beaucoup de soin par
le peintre qui s'est attaché à obtenir la ressemblance. Au
milieu de cette toile haute de 0 m. 30 seulement et large de
1 m. 85, Leonor Mérimée est assis, écrivant près d'un bureau
au bas de l'estrade royale. Ses fonctions de secrétaire du
Jury central l'avaient occupé plusieurs mois pendant lesquels le ministre de l'Intérieur avait dû l'autoriser à suspendre son service à l'Ecole des Beaux-Arts. Au commencement de l'année 1820, il remit au président un travail qui
servit à rédiger le rapport général sur les résultats de
l'exposition. Quelques jours après, une ordonnance royale
portant la date du 17 janvier 1820, lui décernait la croix de
chevalier de la **Légion** d'honneur en récompense de ses
services.

III

LÉONOR MÉRIMÉE ET SES TRAVAUX TECHNIQUES

Léonor Mérimée est l'un des premiers artistes français
dont l'attention ait été attirée sur l'Ecole anglaise formée à
l'étude des Hollandais et des Flamands qui exerça plus
tard une si grande influence sur notre Ecole de paysagiste. Dès les premières années du xix° siècle il se
préoccupait de savoir quel enseignement se donnait à l'Académie royale de peinture de Londres. Ses amis, Thomas
Holcroft, l'auteur dramatique, traducteur de plusieurs ouvrages français, Northcote, l'élève et le biographe de Reynolds, William Hazlitt, lui signalèrent les *Discours* du professeur Fuseli. Ce peintre, né en Suisse, parlant incorrec-
tement l'anglais, avait commencé en 1801 à donner lecture de
ses leçons à l'Académie royale. Très versé dans la littérature
ancienne et parfaitement instruit de l'histoire de l'art, il
s'était proposé d'exposer en quelques séances, ses diverses
périodes de préparation, d'établissement et de raffinement
chez les anciens ; puis son relèvement au xv° siècle, dans
une direction différente ; ensuite sa renaissance dans les
écoles de Florence, de Rome et de Venise ; enfin son épa-
nouissement en Allemagne, en Suisse, en Hollande, en
France, en Espagne et en Angleterre, depuis la Renaissance
jusqu'à l'époque moderne. Ses *Discours* eurent un grand
retentissement. Ils ne furent publiés qu'en 1810 (1). Lorsqu'ils

(1) Discours sur la Peinture lus à l'Académie royale de Peinture de
Londres en mars 1801 par Henri Fuseli, peintre et professeur, avec des
observations et des notes.
Dédié à William Lock, écuyer de Norbury, par l'auteur.

parurent, Mérimée et son ami le peintre Chauvet, mettant en commun leurs connaissances respectives et surtout leur amour des arts, entreprirent de les faire connaître en France. Mérimée, qui connaissait à fond la langue anglaise, se chargea de la traduction et s'appliqua à rendre fidèlement la pensée du savant professeur. Son travail fut terminé assez rapidement ; il fut même annoncé ; cependant il n'a été publié que beaucoup plus tard, après sa mort, et très probablement par son fils (1). C'est dans la Revue *Les Beaux-Arts*, éditée par Curmer en 1844 qu'il faut aller le chercher. Il comprend trois des *discours* de Fuseli, le premier traite de l'art ancien, le second de l'art moderne, le troisième de l'invention (2). Nous n'avons pas à analyser ici ces trois longs discours ; mais on nous permettra d'appeler l'attention sur les quelques passages d'introduction dont le traducteur les a fait précéder.

Léonor Mérimée y signale les assertions hasardées et les erreurs auxquelles Fuseli s'est laissé entraîner comme homme de lettres en formant des conjectures, peut-être plus savantes qu'utiles, sur des époques dont il ne nous reste aucun monument authentique. Il reproche à cet artiste, qui avait débuté par étudier la médecine et dont l'œuvre n'est guère connue, d'avoir commencé trop tard l'étude de la peinture pour la connaître à fond et de formuler des principes, les uns contestables, les autres susceptibles d'égarer si on les prenait à la lettre. « Si quelques élèves », fait-il observer, « étaient dis-
« posés à croire qu'en méditant sur Homère ils rivaliseraient
« avec les Grecs, ils ne seraient pas destinés à être de grands
« artistes. Et il n'y a pas un élève commençant à dessiner qui
« ne soit déjà persuadé qu'il y a plus à profiter dans l'imitation
« et dans la comparaison des plus beaux chefs-d'œuvre des
« Grecs que dans la lecture des meilleurs écrivains de l'anti-
« quité. » Il relève avec vivacité les critiques amères et injustes adressées à l'Ecole française par un artiste qui la connaissait très mal et qui avait contre elle les préventions d'un étranger fortifiées par son séjour en Italie et surtout

(1) Une partie du manuscrit de Mérimée est conservée à la Bibliothèque de l'Ecole des Beaux-Arts ; elle comprend l'introduction et le premier discours de Fuseli. Voir le manuscrit n° 652.

(2) Fuseli a dû lire à l'Académie de Londres deux autres discours : un sur la composition et l'expression et un autre sur le coloris, les draperies et l'exécution.

en Angleterre. Il attribue uniquement à la rivalité littéraire
l'animadversion particulière témoignée à Falconet, dont
Reynolds partageait les opinions. Notre grand statuaire,
dit-il, ne supportait pas les prétentions des gens de lettres à
juger les arts et à diriger les artistes et Fuseli ne pouvait
lui pardonner « de s'être élevé contre les savants de son
« temps et d'avoir soutenu contre eux que le jugement de
« l'antiquité en matière d'art n'est pas plus infaillible que
« celui des écrivains de nos jours. » Le style même des
Discours suscite chez lui un mouvement d'irritation mani-
feste. L'auteur, écrit-il, « s'élève quelquefois dans les ré-
« gions les plus abstraites où l'imagination la plus active
« ne peut le suivre ; son style est approprié à ses idées et
« il doit être rangé dans le genre que les Grecs nomment
« *pathos.* »

A l'époque où Mérimée entreprenait ce travail les esprits
étaient montés chez nous à un état d'irritation extrême
contre l'Angleterre. Un peu plus tard d'autres événements
absorbèrent l'attention de nos artistes. Après 1815 David
proscrit commençait à perdre son influence. Ses élèves
se dispersaient dans des directions diverses. Quelques-uns,
exagérant encore ses doctrines, lui restaient fidèles. Les
autres, Gros à leur tête et surtout Gérard, accueillaient avec
enthousiasme les nouveautés les plus hardies. Avec Géricault
s'ouvrait une école nouvelle qui rompait avec le culte exclusif
des Grecs pour créer un art libre et indépendant. Delacroix,
résumant les tentatives régénératrices, allait bientôt être le
chef de cette école. Ingres seul, soutenant les traditions et
les règles, devait recueillir l'héritage de son maître. C'était
l'émancipation de la peinture française.

Mérimée, classique obstiné, par tempérament surtout,
nourri de traditions, ne pouvait croire au succès de l'école
romantique. Il devint son adversaire déclaré du jour où
il vit collaborer à son triomphe Bonnington, Fielding,
Comboz, Thomas Lawrence et tous artistes anglais qui
étaient accourus à Paris aussitôt la reprise des relations
pour faire leur éducation dans l'atelier de Gros. Lorsqu'il
les vit se ranger tous sous la bannière de Delacroix, il
en conçut contre leur chef une irritation extrême. Nous
possédons là-dessus les renseignements les plus complets
et les plus intéressants. Ils nous sont fournis par ses lettres

au peintre miniaturiste Rochard (1), réfugié à Londres.

Simon Jacques Rochard quitta la France au moment des Cent Jours pour échapper à la conscription et sa vie s'écoula presque tout entière à l'étranger. Ses débuts à Bruxelles le signalèrent à la société cosmopolite réunie dans cette ville après Waterloo. Il alla ensuite s'établir à Londres où il devint le peintre attitré des souverains. Elève et ami de Léonor Mérimée dont il a dessiné l'excellent portrait aux trois crayons que nous donnons ici d'après un cliché de *la Gazette des Beaux-Arts*, il a entretenu avec lui, depuis 1816 jusqu'à 1836, une correspondance suivie. Cette correspondance recueillie par M. Garnier-Heldewier, ministre plénipotentiaire de Belgique, a permis à M. Charles Ephrussi de suivre pas à pas sa renommée et de nous le faire connaître. Les lettres que lui écrivait son ancien maître ont été publiées en partie dans l'étude insérée au deuxième volume de l'année 1891 de *la Gazette des Beaux-Arts*. Celles-ci sont curieuses à plus d'un titre. Elles donnent de piquantes informations sur la jeunesse de Prosper Mérimée, d'abondants renseignements sur la technique et les procédés matériels de la peinture. Quelques extraits de ces lettres suffiront à montrer avec quelle attention vigilante Léonor suivait l'évolution artistique qui s'opérait en France sous ses yeux.

Tout d'abord, observe M. Ephrussi, ce sont des conseils qu'il continue à donner à son ancien élève auquel il était sincèrement attaché, conseils le plus souvent très judicieux, quelquefois sévères, ainsi que son âge lui en donnait le droit.

« Si vous m'eussiez manifesté, il y a dix ans, l'espérance « de peindre un jour la miniature avec succès », lui écrit-il le 30 janvier 1816, « je ne me serais pas permis de vous décou- « rager entièrement, mais je vous aurais dit qu'avant de « peindre avec une extrême propreté il fallait dessiner pro- « prement. »

A plusieurs reprises il insiste sur la nécessité d'étudier la nature :

« C'est dans la nature qu'il faut prendre vos motifs de

____

(1) Rochard, né à Paris le 28 décembre 1788, mourut à Bruxelles le 13 juin 1867.

« figures comme vous y prenez le fonds de vos portraits »,
dit-il dans sa lettre du 2 septembre 1827, « vous y trouverez
« des poses neuves, toujours vraies, des effets nouveaux aux-
« quels personne n'a songé. » Et dans une autre lettre du

J. Rochard.   Collection Garnier-Heldewier.

PORTRAIT DE LÉONOR MÉRIMÉE.

11 août 1828 : « Etudiez la nature et ne passez pas un seul
« jour sans faire un croquis de souvenir. Dessinez toujours
« vos figures entières ; c'est le moyen que vos bustes aient
« de la grâce... Terminez vos têtes avec le plus grand soin,
« terminez aussi la partie de vos draperies et laissez le reste
« vague à mesure de l'endroit où vous voulez fixer l'œil du
« spectateur. »

Dans cette même lettre il lui recommande de donner aux costumes des soins scrupuleux :

« Je ne voudrais pas, mon ami, qu'on érigeât en système
« de négliger constamment les accessoires. Je voudrais que,
« de temps en temps, un peintre prouvât qu'il sait les imiter.
« Greuze peignait très bien une tête ; mais, de sa vie, il n'a su
« imiter une draperie. Dans la miniature, on ne doit pas selon
« moi porter trop loin la négligence des vêtements. Je vou-
« drais que, du moins dans la partie la plus apparente, les
« draperies fussent parfaitement imitées. Lorsque vous ferez
« quelque chose pour notre exposition songez à mes observa-
« tions... »

Il l'engage aussi à faire de la peinture :

« Je pense, mon ami, lui écrit-il, que vous devriez vous
« mettre, dans vos moments de loisir, à peindre à l'huile...
« Votre talent ne pourrait que gagner à des études en grand...
« ...Je vous engage dans vos études à l'huile à vous appro-
« cher le plus possible des premiers peintres pour l'exécution
« et pour la fonte des couleurs (1). »

Ces recommandations, disons-le, ne recueilleraient peut être pas l'approbation de tous les miniaturistes et l'utilité qu'il y aurait pour eux à des études en grand et à la pratique de la peinture à l'huile nous semble fort discutable. Il ajoute avec plus de raison :

« Si vous aspirez à faire de grands portraits en pied, étudiez
« la perspective et ne commencez pas un portrait sans avoir
« fait une esquisse très-arrêtée et faites beaucoup d'esquisses
« car la composition est une partie très-difficile et qu'il fau-
« drait commencer de bonne heure ; c'est par la composition
« qu'on fait valoir la couleur... »

Enfin l'une de ses dernières lettres, écrite le jour où il vient d'achever la lecture d'un roman anglais dans lequel il était question d'un portrait peint par Rochard, contient encore des conseils de morale mêlés à ses éloges :

« ... J'ai jugé par là de votre célébrité et cela m'a fait
« plaisir. C'est comme si l'un de nos romanciers faisait
« mention d'un portrait donné par une belle à son amant ; il
« ne manquerait pas de dire qu'il était peint par Isabey.
« Continuez, mon ami, de jouir de la faveur du public ; mais

____

(1) Lettre du 15 novembre 1825.

« n'oubliez pas qu'elle est inconstante et, pour cela, écono-
« misez pour vous procurer une indépendance qui vous
« permette de ne plus travailler que pour vous satisfaire (1). »

Mérimée aborde ensuite la critique et l'histoire de l'art. Il n'a d'admiration que pour l'école italienne de la Renaissance et, selon lui, c'est en s'écartant de la technique et des procédés suivis dans cette Ecole que l'art a dégénéré. Dans une sorte de rapide historique, il s'en explique à Rochard auquel il montre les dangers d'une imitation trop large au début et qu'il engage à commencer toujours par une exécution exacte et détaillée :

« ... Dans le temps de Raphaël, de Léonard de Vinci, de
« Titien, d'Holbein, dans ce temps de la perfection, on ne
« cherchait qu'à dessiner avec la plus grande exactitude et à
« peindre avec des couleurs vraies... On copiait les cheveux
« brins à brins. Raphaël commença ses études dans ce système
« précieux d'exécution, et, dans la suite, il élargit sa manière.
« Ses élèves commencèrent avec la manière large de leur
« maître et aucun d'eux ne fut en état d'imiter comme lui. Les
« générations suivantes voulurent dès le commencement
« prendre une manière plus large et l'art déclina progressi-
« vement jusqu'à Boucher. On se lasse de tout, même des
« bonnes choses. Lorsque Greuze parut il eut un grand succès
« parce qu'alors une imitation vraie était une nouveauté. David
« forma une Ecole où on apprit à imiter la nature en se rap-
« prochant des belles formes de l'antique et de là sortirent, en
« même temps, Drouais, Girodet, Gérard et Gros. Girodet
« porta l'exécution (le fini) au plus haut point ; il eut le tort de
« ne pas considérer l'imitation comme le *moyen* de l'art et
« non comme le but ; mais il pouvait sortir de l'Ecole de
« Girodet un homme très-habile imitateur qui aurait fait un
« meilleur emploi de son talent ; pareille chose ne pouvait
« arriver dans l'Ecole de Boucher (2). »

Le retour à la nature et aux vieux maîtres, voilà pour lui le véritable enseignement. « Ce sont, dit-il à son ami, vos premières études à Paris d'après nature et d'après Raphaël qui vous ont appris à copier avec précision. » Et c'est pourquoi il s'efforce de le mettre en garde contre l'Ecole anglaise.

---

(1) Lettre du 14 avril 1832. Le roman dont il est question dans cette lettre avait été envoyé par Rochard à Prosper Mérimée.
(2) Lettre datée de 1826.

Cette Ecole qui préfère la manière large et décorative à
l'exécution précise, soignée et finie, il la juge avec sévérité.
De tous les peintres qu'elle a produits Reynolds et son élève
Thomas Lawrence sont les seuls qui trouvent grâce à ses
yeux. Il a Reynolds en grande estime et il ne se lasse pas
d'admirer ses portraits que Rochard lui envoie ; mais Constable lui déplaît ; ses paysages, malgré toute la science avec
laquelle il les reconnaît composés, lui paraissent d'une exécution détestable. Tous les autres ne font à son avis que
des pochades. Aussi ne peut-il pas comprendre que des
peintres français passent le détroit pour aller s'instruire à
leur Ecole ; d'accord en cela avec Delécluze qui regardait
comme la plus bouffonne des idées de « ce temps, l'idée
« de retremper l'art de la peinture en France dans l'Ecole
« anglaise (1). » Il ne pardonne pas à Delacroix d'avoir été à
Londres avec Isabey. Il accuse le grand coloriste, devenu
depuis les salons de 1822 et de 1824 le chef du mouvement
romantique, d'aller chercher ses modèles en Angleterre. Son
irritation contre lui devient même si vive qu'elle l'entraîne à
l'injustice et, sans méconnaître les talents de l'illustre représentant de l'Ecole française, il ne peut se résigner à son
triomphe.

« Lacroix, (c'est ainsi qu'il s'obstine à l'appeler) a fait
« un tableau de décoration pour une des salles de l'Hôtel de
« Ville, » écrit-il à Rochard au mois d'août 1827. « C'est un Justi-
« nien composant le recueil de lois connues sous le nom de *Ins-*
« *titutes de Justinien* ou *Pandectes.* Il y a de la couleur ; mais,
« hélas ! il n'y a d'imitation que pour les objets accessoires les
« moins importants. La première chose qu'il faut savoir c'est
« d'imiter avec précision. Les premières choses de Rembrandt
« sont des imitations très-précises, ensuite il a élargi sa
« manière ; mais celui qui sans savoir imiter exactement veut
« faire large ne fait plus qu'une grande esquisse...

« Je vois la route dans laquelle se trouve Lacroix avec peine
« parce que j'avais compté sur lui pour ramener notre Ecole
« vers le coloris ; mais il est impossible qu'il ait assez de
« science pour avoir des imitateurs. Reynolds ne dessinait pas
« mieux que lui ; mais il dessinait bien une tête et la peignait
« admirablement. Or notre coloriste ne pourrait pas faire

---

(1) Voir l'article de Delécluze inséré au *Livre des Cent et Un*, année 1832.

« un portrait, surtout un portrait de femme ou d'enfant. »

L'année suivante, après l'exposition du tableau de *Sardanapale* qui excita l'étonnement et la réprobation du plus grand nombre, il écrit encore à son ami :

« ... Vous n'avez pas vu le grand tableau qu'il a exposé.
« C'est une capilotade qui n'a ni queue ni tête et dans laquelle
« cependant il y a de la couleur ; mais ce n'est autre chose
« qu'une grande esquisse qui n'a pas le sens commun.
« Quoiqu'il y ait des pròneurs de cet ouvrage je ne crois pas
« qu'il puisse pervertir notre Ecole. Il faudrait pour faire
« une révolution commencer par savoir imiter avec vérité au
« moins les parties essentielles (1). »

L'idée qu'une révolution artistique aurait pu être faite par Delacroix lui était insupportable. Il y revient à plusieurs reprises dans ses lettres :

« Je conviens, dit-il à Rochard, que les peintres qui ne
« sont que des imitateurs corrects peuvent ne pas plaire :
« mais ils conservent l'art et ne contribuent pas à sa
« décadence. Je suppose que Lacroix eut été compagnon
« d'étude des premiers élèves de David, il eut été entraîné
« malgré lui à étudier à fond ; il aurait imité avec pré-
« cision comme ses camarades, puis entraîné par son amour
« pour l'effet et la couleur il eut négligé l'imitation pré-
« cise, il eut pris une manière large; mais il eut été vrai
« dans cette manière et il eut fait une révolution. Hé
« bien ! il eut amené rapidement la décadence de l'art : ses
« plus habiles élèves auraient fait des tableaux comme
« les siens et les élèves de ceux-ci ne seraient pas suppor-
« tables... »

Un peu plus tard il écrit à Fabre, que la même idée tourmentait :

« Rien dans le monde n'est stationnaire et les arts sont
« frappés d'une révolution prochaine. Toutefois le danger
« n'est pas aussi imminent que vous le craignez. Les
« imitateurs de l'Ecole anglaise ne sont pas assez habiles pour
« entraîner. Il y avait à la dernière exposition un portrait
« de Lawrence qui a eu un grand succès... On voyait en
« examinant ce portrait que l'auteur, élevé par David, aurait
« été l'un de nos plus habiles élèves. Le chef de nos roman-

____

(1) Lettre du 11 mars 1828.

« tiques paraît au contraire incapable de rien faire d'exact.
« Il ne sait pas imiter. Il n'a même pas une couleur sédui-
« sante et, avec une exécution aussi peu soignée que celle de
« Rembrandt, il s'en faut bien qu'il approche de sa couleur et
« de son expression. Il n'y a donc pas à craindre que le
« public se prenne de passion pour des ouvrages dépourvus
« de ce qui peut lui plaire, de la grâce et de l'éclat de la
« couleur (1). »

Et il ajoute à ce jugement dicté par une irritation qui ne
peut se contenir :

« Si un peintre sachant dessiner et peindre comme Girodet
« eut négligé la correction pour ne s'occuper que de la couleur
« et qu'il eut présenté au public de grandes esquisses bril-
« lantes de couleur et piquantes d'effet, nul doute qu'il eut
« obtenu un succès qui eut entraîné l'Ecole dans cette voie
« de perdition ».

Et plus loin, après un grand éloge d'Horace Vernet, il
ajoute encore :

« Horace Vernet, s'il eut été l'émule de Drouais, aurait pu
« faire la révolution que nous craignons... »

Les sympathies de Mérimée allaient à Gérard. Il prit constamment sa défense et il le défendit encore lors de l'exposition du *Sacre de Charles X* sur lequel l'opinion n'avait pas
été unanime. « C'était assurément une des compositions les
« plus difficiles, écrit-il à Rochard, et personne autre que
« Gérard n'eut pu s'en tirer... Quant à moi qui ne me laisse
« ni aveugler par l'amitié ni entraîner par les phrases d'un
« pamphlétaire (2), je trouve ce tableau digne de la réputation
« de Gérard (3). »

Il appréciait aussi le talent de Léopold Robert :

« Ce qui le distingue, dit-il, c'est que les personnages
de ses scènes populaires ont une noblesse qu'on ne trouve
pas toujours dans les tableaux d'histoire. Il a vu le peuple
en beau : Teniers le voyait tel qu'il est dans les rangs infé-
rieurs. ... Ses premiers tableaux offraient une grande vérité
de forme et de couleur. Cependant cette couleur était mate.
Son dernier tableau a été fait à Venise ; là il a vu l'emploi
que le Titien et ses disciples ont fait des glacis et son dernier

(1) Lettre du 29 janvier 1829.
2 Un violent pamphlet avait été lancé contre le tableau de Gérard.
(3) Lettre à Rochard du 2 juillet 1829.

tableau est remarquable par une grande vigueur et une transparence qu'on regrette de ne pas trouver dans ses autres tableaux (1)... »

Mérimée proclamait malgré tout la décadence de l'art. Il l'attribuait « à ce que les jeunes gens voudraient faire des tableaux avant de savoir imiter (2) »; mais le mouvement n'était à ses yeux qu'une crise qui devait avoir son cours. « *Ci vuol pazienza !* » disait-il à Fabre, ne doutant pas que la crise ne fut de courte durée. Trois ans plus tard, il la jugeait terminée et, en reprochant à son ami d'avoir encore laissé passer un salon sans venir le voir, il lui écrivait : « Vous « auriez vu avec quelque satisfaction que l'Ecole roman- « tique n'était pas assez séduisante pour séduire la jeu- « nesse. Vous auriez vu qu'elle est combattue par Ingres « qui s'est formé sur l'Ecole italienne du xve et du xvie siècle « et qui, heureusement pour l'art, a de nombreux parti- « sans (3). » En 1835, après le concours sur un des trois sujets qui devaient décorer la salle de l'Hôtel de Ville où Delacroix avait envoyé sa belle esquisse de *Mirabeau répondant au marquis de Dreux-Brézé*, il éprouvait une véritable satisfaction de pouvoir dire à Rochard : « Le concours est « en général mauvais. Il y a trente et quelques esquisses. « La meilleure à mon avis est celle de Hesse, puis celle « de Court et celle de Montvoisin. Lacroix en a fait une qui « est très-mauvaise ; mais il a beaucoup d'amis parmi les « écrivains etc., et si le numéro du *National* de ce jour « vous tombait sous la main vous la trouveriez désignée « comme une des meilleures. Toutefois le rédacteur ne peut « s'empêcher de faire des observations qui détruisent entiè- « rement ses éloges (4). » Enfin, ce fidèle admirateur des vieux maîtres, heureux de voir les novateurs moins goûtés du public, s'en félicitait dans une dernière lettre qu'il terminait par ces paroles : « L'Ecole romantique perd un peu de « son crédit. On revient toujours aux bonnes gens qui sont « vrais (5). »

Les recherches de Léonor Mérimée sur le perfectionnement

---

(1) Lettre à Rochard du 9 avril 1836.
(2) Lettre à Fabre du 6 janvier 1831.
(3) Lettre à Fabre du 30 mai 1834.
(4) Lettre du 15 février 1835.
(5) Lettre à Rochard du 19 mai 1835.

des procédés matériels de la peinture sont très intéressantes.
Elles lui ont fait et doivent encore lui faire honneur. Ces
recherches l'ont occupé toute sa vie. L'origine en remonte à
l'époque de sa jeunesse. Lors de son voyage en Hollande il
avait été frappé de l'admirable état de conservation des
tableaux de Van Eyck peints trois siècles auparavant et il
déplorait que le secret du célèbre flamand fut perdu. C'est la
même idée qu'on retrouve plus tard exprimée par son fils
dans la *Note pour être lue à la Société des Antiquaires de
l'Ouest* où on lit : « Nous en sommes encore à deviner quelle
« a pu être la préparation des murailles, celle des couleurs,
« celle surtout de la colle ou de la substance employée par
« les peintres du xie au xve siècle pour détremper leurs cou-
« leurs (1). » Mais, depuis plus de cinquante ans, le père
songeait aux avantages que la peinture aurait pu retirer si
Van Eyck nous eut transmis une description exacte des procédés qui le conduisirent à la découverte de la peinture à
l'huile. Dès l'année 1789, il s'était dit que le secret de
l'étonnante persistance du coloris des primitifs flamands devait
être cherché et retrouvé. Ce fut seulement en 1795, après sa
nomination à l'Ecole Polytechnique, qu'il lui fut possible d'entreprendre des études sérieuses, d'un caractère réellement
scientifique. Par sa situation nouvelle il se trouvait en rapport
avec les savants qui étaient accourus, deux ans auparavant, se
mettre à la disposition du Comité de Salut Public pour travailler à la recherche des moyens de défense et qui maintenant s'occupaient d'organiser l'institution créée pour
assurer le recrutement des ingénieurs. Fourcroy, Guyton-
Morveau, Berthollet, Vauquelin, tous les chimistes l'aidèrent
de leurs conseils et mirent leurs laboratoires à sa disposition.
Dans les premiers temps de l'existence de l'Ecole il vint
les consulter sur la restauration des tableaux du *Museum
Français* dont les trésors avaient été révélés au public pour
la première fois en 1793. Un décret de la Convention nationale
en date de messidor an II avait ordonné l'établissement d'un
concours à la suite duquel on se proposait de décider en
quelques jours ce que la restauration deviendrait après
quelques années. Mérimée ne regardait pas la chose comme

---

(1) Cette note de Prosper Mérimée, alors inspecteur des monuments
historiques, a été citée par M. Lucien Pinvert dans son livre intitulé
Post-scriptum sur Mérimée, p. 37.

impossible. La chimie avait donné les moyens, disait-il, d'accélérer la marche du temps et d'obtenir en peu de jours ce qui exigeait auparavant un temps plus considérable. Le 20 décembre 1796 il adressa un rapport au gouvernement pour lui exposer comment, grâce au concours, le but poursuivi pourrait être atteint. Voici ce très intéressant rapport que nous avons eu la chance de retrouver aux Archives du Louvre.

« Il conviendrait de former une réunion d'artistes instruits des procédés de la restauration qui seraient spécialement chargés de discuter, de préparer et d'organiser le concours. On leur adjoindrait des chimistes qui s'occuperaient de rechercher, par un travail méthodique suivi, les causes de l'altération des couleurs dans la peinture à l'huile. Les travaux amèneraient bientôt des découvertes importantes ou au moins utiles.

« Il conviendrait que les procédés de restauration fussent exactement décrits et consignés sur un registre. Si personne ne se présentait au concours il conviendrait alors de suspendre les travaux de restauration puisqu'il ne se trouverait personne d'assez habile pour les reprendre.

« La publication des expériences des chimistes serait très-importante et, à la vue des nouveaux moyens, l'émulation naîtrait parmi les artistes.

« Le choix des chimistes est extrêmement important. Il faut des hommes qui. s'ils n'ont pas un goût particulier pour la peinture, soient du moins bien convaincus de l'importance des tableaux. Il faut qu'ils aient plutôt une grande habitude des manipulations que le génie propre à développer des théories.

« Il serait à souhaiter que quelqu'un de tel caractère se rencontrât dans le grand nombre des chimistes attachés à l'instruction de l'Ecole Polytechnique. Il y aurait sous le rapport de l'économie un grand avantage. Les laboratoires sont commodes; les matériaux et tous les ustensiles nécessaires aux expériences y existent déjà pour la plupart ; la dépense même serait peu considérable ; elle pourrait être prélevée sur les fonds destinés à l'Ecole.

« Ce n'est pas seulement l'art de la restauration qui gagnerait quelque chose à ces recherches. La peinture elle-même attend depuis longtemps que l'on fixe des bases certaines sur lesquelles chacun puisse étayer son expérience particulière...

« N'oublions pas que nous sommes responsables envers la postérité du précieux dépôt de la Providence a remis dans nos mains sans doute pour qu'il fut mieux conservé. »

Le concours n'eut pas lieu ; mais dès cette époque Mérimée commença des recherches méthodiques et des expériences. Nous lisons en effet dans *Les opérations du Museum Central des Arts*, qu'il fut envoyé au Havre au commencement de l'année 1796 pour apprendre là d'un médecin le secret de nettoyer et enlever les repeints des vieux tableaux et qu'il obtint, à son retour, qu'on lui confiât « deux *Albanes* tout usés, sans crasse avec quelques repeints nouveaux ». Ce fut là le début de ses études chimiques. Il lui fallut probablement les interrompre assez vite. Ses leçons de dessin, ses travaux pour les salons de peinture, lui laissaient à ce moment peu de loisirs. Bientôt ses occupations à la Société d'Encouragement puis à l'Ecole des Beaux-Arts l'obligèrent à abandonner tout à fait les recherches. Elles reprirent activement en 1807. Les lettres qu'il adressa de 1810 à 1817 à son neveu Augustin Fresnel, alors ingénieur des ponts et chaussées à Napoléon-Vendée (1), nous renseignent à cet égard d'une manière complète. On sait qu'avant d'avoir trouvé sa voie scientifique Fresnel s'était occupé de chimie. Mérimée lui écrit le 5 août 1811 :

« Je suis bien aise que tu t'occupes de chimie, c'est un moyen
« de remplir les moments de vide qui, malgré tes grandes
« occupations, ne laisseraient pas d'être difficiles à soutenir.
« Je m'occupe de mon côté d'une niaiserie qui a commencé
« par me donner les plus belles espérances et qui, depuis
« longtemps, ne fait pas de progrès. J'ai voulu faire de l'encre
« de Chine ». Et il lui explique en détail son procédé sur lequel il revient encore dans les lettres suivantes. Il n'est question que de chimie dans cette correspondance qui nous éclaire, en passant, sur les rapports de Mérimée avec les savants de l'Ecole Polytechnique. Il y parle de la solubilité des sels, du moyen imaginé par son neveu pour extraire la soude du sel marin, moyen dont il entretient d'abord Vauquelin, ensuite Gay-Lussac, enfin Thénard et que celui-ci trouve long et dispendieux (2). Nous l'y voyons, en outre, s'intéresser à la fabrication du papier, visiter une manufacture,

---

(1) Ces lettres ont été publiées par Léonor Fresnel à la suite de l'édition des œuvres de son frère, parue sous les auspices de l'Académie des Sciences.

2) Lettres de Léonor Mérimée à Augustin Fresnel des 31 octobre 1811, 20 mars et 14 avril 1812.

indiquer comment il faut s'y prendre pour réussir l'opération du collage, revoir pour Berthollet la traduction d'un mémoire de Davy sur l'acide fluorique et s'entretenir avec lui de la découverte de l'iode faite deux ans auparavant. Tout ceci nous révèle le Mérimée chimiste, un Mérimée assez peu connu même de ceux qui, de confiance, lui donnent ce titre et qu'il faut aller chercher dans la correspondance d'Augustin Fresnel. Une dernière lettre enfin, datée du 17 janvier 1814, dans laquelle il dit : « Il se fait des découvertes de temps en « temps qui nous prouvent qu'il reste encore de quoi alimenter « la curiosité des hommes », nous montre quel était pour lui l'attrait d'une science en quelque sorte nouvelle qui faisait alors des progrès prodigieux.

A la vérité s'il étudiait la chimie c'était principalement en vue de ses applications industrielles et surtout de celles qui peuvent intéresser la technique de la peinture, les procédés matériels adoptés par les peintres, les substances employées par eux. Toute sa correspondance des vingt dernières années de sa vie nous en fournit les plus intéressants témoignages. Ses lettres au peintre Fabre (1) qu'il tenait au courant, ainsi qu'on le verra tout à l'heure, de la carrière de son fils, nous montrent, qu'il s'occupait avant tout d'essais sur les essences, les couleurs et les vernis. Fabre, son ami dévoué, resta, comme on sait, en Italie jusqu'en 1826 et se retira ensuite à Montpellier, sa ville natale, à laquelle il légua en mou· rant tous ses biens. De 1810 à 1834 Mérimée entretint avec lui une correspondance suivie qui a été publiée en partie en 1896 pour la première fois dans la *Revue rétros- pective* et dans la *Revue d'Italie* et qui vient d'être tout récem- ment publiée de nouveau dans le *Bulletin de la Société du Vieux Papier* (n° de mars 1911), par M. Pelissier, doyen de la faculté des lettres de Montpellier. Cette corres- pondance conservée au Musée de la ville comprend onze lettres écrites par Mérimée et trois des réponses de Fabre qui ont été données par Prosper Mérimée en 1868. Il n'y est point question de l'art proprement dit, non plus que de son histoire. Ce n'est qu'incidemment que Fabre y donne des explications sur une discussion soulevée entre lui et Du-

(1) Fabre (François-Xavier), peintre d'histoire, né en 1766, mort en 1837.

fourny au sujet du portrait de Raphaël que Vincent avait acheté et dont nous avons parlé plus haut. Mérimée lui adresse des notes sur la préparation de la laque de garance ; il lui demande de la terre verte de Vérone et le prie de le renseigner sur l'emploi qu'en faisait Leonardo ; il lui parle du vernis copal pour lequel il a inventé plusieurs préparations et dont il conseillait l'usage à Prudhon ; il l'entretient de son désir de substituer le bleu Guimet, qui vient d'être découvert, au bleu d'outre-mer pour azurer les batistes et les papiers ; il le consulte sur les recettes des peintres primitifs conservées dans les traités de Cellini, d'Armenini, de Lomazzo ou d'autres et il tâche d'obtenir par son intermédiaire que les bibliophiles de Florence le renseignent sur la partie technique de ces ouvrages dont l'interprétation n'était pas toujours aisée. Et Fabre qui, lui aussi, était curieux des anciennes méthodes, répond, avec l'esprit d'ordre et de minutie qu'il portait à l'extrême, en mettant à son tour à contribution la bienveillance et l'érudition de son ami.

Dans une des lettres qu'il écrit en 1826 à Guérin, directeur de l'Académie de France, Mérimée ne manque pas de parler d'une assez belle laque de garance qui se fabrique à Rome. « On ne sait peut-être pas, lui dit-il, qu'on peut abréger con-« sidérablement le lavage au moyen d'une forte pression. « Aussi j'ai vu préparer de très-belles laques en soumettant « trois fois de suite de la garance moulue et délayée dans un « peu d'eau à une forte pression. Dites cela à Palmarolli et « il en profitera. »

Une lettre adressée le 30 avril 1827 à Alphonse Giroux, marchand de couleurs, parle d'études entreprises sur le bleu Guimet comparativement avec le bleu d'outre-mer. Cette lettre nous parait mériter d'être reproduite ici tout entière. Publiée en même temps que celle de Duplessis par les *Nouvelles Archives de l'Art français* (1), elle nous apprend en effet comment le bleu d'outre-mer tiré du lapis-lazuli, autrefois si rare et si cher, qu'on éprouvait de grandes peines à se procurer au xviiᵉ et au xviiiᵉ siècles, est de venu presque commun et tombé à la portée de toutes les bourses.

« Un chimiste vous a annoncé que de nouvelles carrières découvertes en Russie lui ont procuré une quantité considérable de

____

(1) *Nouvelles Archives de l'Art français*, 1877, page 156.

lapis-lazuli à un prix qui lui permet de vous fournir une quantité considérable d'outre-mer fort au-dessous de sa valeur commerciale actuelle.

« D'après cette déclaration vous lui avez avancé de l'argent pour qu'il puisse préparer la couleur et il vous en demande de nouveau pour donner à sa fabrication l'étendue convenable.

« Je fais sur cet exposé les réflexions suivantes :

« S'il est vrai qu'une nouvelle carrière de lapis-lazuli ait été découverte, les propriétaires de cette carrière voudront en tirer parti et ne se contenteront pas d'en expédier à votre chimiste ; dès lors il y aura concurrence et les bénéfices qu'on vous annonce se réduiront à peu de chose puisque d'autres marchands entreront au partage avec vous.

« Il est donc nécessaire de vérifier d'abord si la découverte de la nouvelle carrière est vraie, ensuite quelle est la quantité de lapis-lazuli que votre chimiste a actuellement à sa disposition.

« ..... Les échantillons qui vous ont été remis ne prouvent rien pour l'avenir. Nous n'avons pensé qu'à la fraude qui pourrait être commise en livrant de l'outre-mer falsifié ; mais cette fraude est ce que l'on doit le moins appréhender puisqu'il y a des moyens de vérification.

« Que votre chimiste dépose donc un quintal de lapis-lazuli et que, sur ce dépôt, vous lui avanciez de douze à quinze cents francs, vous êtes parfaitement en sûreté, autrement je crains que vous n'ayez été dupé par un charlatan. »

Mérimée ne se contentait pas d'étudier les diverses matières colorantes ; il fabriquait lui-même des couleurs qui joignaient à un éclat indélébile une durée presqu'éternelle et, à l'instar des anciens peintres, il avait inventé plusieurs préparations de vernis. Telle était la réputation qu'il s'était acquise par ses recherches techniques qu'en 1826 il fut appelé à faire partie de la commission des savants désignés par le Gouvernement pour apprécier, sous le rapport respectif de la science professée par chacun d'eux, les antiquités de la collection Passalaqua qui venait d'être exposée à Paris. Cette collection, l'une des plus précieuses du Musée égyptien du Louvre, se composait d'objets relatifs aux usages religieux, civils et funéraires des Egyptiens, de meubles et d'ustensiles de tous genres récemment découverts dans une chambre sépulcrale intacte. Alexandre Brongniart se chargea d'examiner ces objets pour la minéralogie, Geoffroy Saint-Hilaire pour la zoologie, Vauquelin et Darcet pour la chimie ; Jomard et Mérimée les étudièrent au point de vue de l'art et de l'industrie des Egyptiens, et Champollion-Figeac sous le rapport de l'archéologie. Leurs dissertations scientifiques, d'un haut intérêt, servirent à établir avec une authenticité incontestable la qualité des pierres travaillées par les anciens Egyptiens, les différents fruits et plantes de leur époque, les espèces d'animaux qui étaient en vénération près d'eux, leurs connaissances et leur industrie. Elles furent insérées à la suite du Catalogue de la collection qui fut publiée en 1826 (1). La dissertation de Mérimée traitait de la préparation et de l'emploi des couleurs, des vernis et des émaux. De l'examen des objets et, sans procéder à l'analyse chimique des matières, qui, dit-il, n'ajouterait rien à l'idée qu'on doit avoir de l'avancement extraordinaire de l'industrie à des époques si reculées, il tirait de précieux renseignements sur les couleurs dont les anciens Egyptiens faisaient usage, sur les substances naturelles avec lesquelles ils les préparaient, sur les matières glutineuses qui servaient à les détremper, sur les outils employés pour les appliquer, sur les vernis visqueux qui les recouvraient, enfin sur les procédés de coloration des émaux.

La publication de cette dissertation le décida à présenter au public le résultat de toutes les recherches analogues auxquelles il se livrait depuis quarante ans. Déjà en 1821, il avait songé à faire imprimer ses idées sur les essais de Van Eyck ; mais il n'avait pas donné suite à ce projet. Une lettre qu'il écrivit à Fabre le 22 novembre de cette année nous en fait connaître les raisons : « C'est seulement à l'époque de Jean de « Bruges », lui disait-il, « que le procédé de peinture à l'huile « est devenu général » et il lui expliquait que son travail devait être étendu aux peintres de toutes les écoles. « En « citant les esquisses de Rubens, je ferai remarquer, ajou- « tait-il, qu'il les traçait à la mine de plomb sur un panneau « imprimé en blanc à colle comme le bois destiné à être doré, « puis couvert d'une couche d'huile sâle de pincelier. Ensuite « il dessinait ses figures au trait avec un pinceau et, comme « ses traits sont souvent très-fins et sont filés sans interrup- « tion pendant des espaces considérables, il fallait que le

(1) Catalogue raisonné et historique des antiquités découvertes en Egypte par M. Passalaqua. Paris, 1826, in-8°.

« pinceau coulât facilement. » Il avait donc jugé nécessaire
de poursuivre ses études. Des observations longues et minutieuses s'ajoutèrent à celles recueillies jusqu'alors. En ana-
lysant la pâte des tableaux, en fouillant les plus anciens
traits de peinture, il en arriva à cette conclusion que les
plus anciens peintres des Ecoles flamandes et vénitiennes ne
peignaient pas comme nous avec des huiles ; mais qu'ils
détrempaient leurs couleurs avec des vernis. En 1828, l'ensemble de ses observations formait tout un traité de peinture. Le moment était venu de le faire imprimer. Auparavant il voulut soumettre l'ouvrage à l'Académie des
Beaux-Arts qui chargea Castellan de rédiger un rapport (1).
Ensuite il eut la fantaisie de demander qu'on l'imprimât aux
frais du Gouvernement, afin de pouvoir en distribuer un
grand nombre d'exemplaires (2). Tout cela, occasionna de
grands retards. « Ce qu'il eut été facile d'obtenir il y a un an
« est aujourd'hui assez difficile », écrivait-il à Fabre le
30 mai 1829, « le rapport favorable ne suffit pas ; il en faut
« un autre d'une commission spéciale. Je voudrais bien main-
« tenant ne pas m'être exposé à un refus. Quoi qu'il en ar-
« rive, il paraîtra avant l'hiver et je vous l'enverrai aussitôt
« qu'il sera imprimé. »

L'ouvrage parut au commencement de l'année 1830. Il a
pour titre : *Traité de la peinture à l'huile ou des procédés
matériels employés dans ce genre de Peinture depuis Van
Eyck jusqu'à nos jours* (3). C'est l'œuvre capitale de Mérimée.
Tout d'abord il y rend justice au travail de Bouvier qui, dans un
ouvrage publié trois ans auparavant : *(Manuel des Jeunes
Artistes et Amateurs de Peinture, Paris,* 1828), s'était proposé
de faire connaître, non la nature et la préparation des couleurs, mais seulement l'effet qu'elles produisent à l'emploi.
Il expose ensuite comment il a été conduit à entreprendre ses
recherches. Le second et le troisième chapitres, remplis
d'indications neuves et précieuses, traitent de la composition
des vernis et de leur emploi dans la couleur. des différentes
substances telles que les vernis, les bitumes, les résines,
les huiles, qu'on peut mélanger avec la couleur, ou la manière
qu'employaient très probablemement les peintres des Ecoles

(1) Lettre à Fabre du 27 septembre 1828.
(2) Lettre à Fabre du 30 mai 1829.
(3) Paris, Mad. Huzard, libraire, rue de l'Eperon, n° 7 (1830).

flamandes et vénitiennes. Le chapitre IV est relatif à la préparation des couleurs. Ainsi que Quatremère de Quincy le fit remarquer dans son rapport adressé à l'Académie sur l'ouvrage, il appartient plus à la chimie qu'à la peinture. Il donne les notions les plus exactes sur les diverses matières colorantes, sur leur préparation, leur solidité, l'action que l'air et la lumière leur font subir. Il contient une foule de recettes que l'auteur, avec ses connaissances toutes spéciales, s'était appliqué à choisir parmi celles qui se rapprochent le plus de la simplicité naturelle. Ce chapitre, a dit Topffer, « est pour « les peintres un trésor d'observations et de procédés : il est « plein d'intérêt et de piquant. » Les chapitres suivants traitent de la préparation des murs, panneaux, toiles, puis des mesures à prendre pour assurer la conservation des tableaux et des moyens de les restaurer.

L'ouvrage se termine par une théorie de la colorisation appliquée à l'harmonie des couleurs. Mérimée, en homme profondément versé dans la pratique de l'art, y base sa théorie sur les propriétés physiques des couleurs et en fait découler les principes d'harmonie applicables à la peinture. Après avoir établi nettement la distinction entre les *dessinateurs* et les *coloristes*, il y combat le préjugé assez généralement répandu, qu'on peut à force de travail devenir dessinateur, mais que la science du coloris est un don de nature qui ne s'acquière pas par l'étude. A l'encontre de cette opinion mal fondée, il rappelle l'avis du Poussin qui écrivait de Venise : « l'étude peut former un coloriste. » On retrouve dans cette partie de son livre, exposés de la manière la plus nette, quelques-uns des véritables principes de l'enseignement si merveilleusement donné autrefois par l'ancienne académie. Il y explique que le clair obscur existe indépendamment de la couleur, mais qu'il l'accompagne toujours — qu'il est la partie de l'art que doit étudier spécialement celui qui aspire à devenir coloriste — qu'avec la distribution de l'ombre et de la lumière on parvient à sauver toutes les discordances de la couleur.

Dans les premiers jours du mois de février 1831 Fabre reçut l'un des premiers exemplaires qui lui fut apporté par le docteur Lallemand, professeur de l'Université de Montpellier. Invité par son ami à lui communiquer les observations que pourrait suggérer la lecture de son « libretto » l'illustre

peintre répondit : « Je l'ai bien vite parcouru et j'ai vu à
« mon grand regret que je manquais des connaissances néces-
« saires pour le juger. C'est au-dessus de ma portée, à moi
« pauvre ignorant des termes et des secrets de la chimie.
« Je crois aveuglément tout ce que vous dites sur l'emploi
« bon ou mauvais des différentes couleurs, du vernis, etc.,
« etc. » « Sous ce rapport vos conseils seront très-utiles aux
« débutants, mais j'avoue que, si j'avais à le recommencer,
« par l'expérience que j'ai acquise par moi-même je ne change-
« rais rien à mon système de peinture (1). » Et, Fabre terminait
sa lettre en signalant à Mérimée quelques doutes « de *pédant* »,
disait-il, qu'il prenait la liberté grande de soumettre à son
jugement. Il lui envoyait en même temps une longue liste
d'auteurs anciens qui ont écrit sur la peinture.

A Paris, le *Traité de Peinture* de Mérimée recueillit les
éloges unanimes des artistes, et, depuis son apparition, cet
ouvrage est resté classique.

A Genève, Topffer en rendit compte le premier dans la
Bibliothèque Universelle :

« Dans un ouvrage peu volumineux, écrit avec cette clarté
« à la fois simple et élégante qui met les idées d'un auteur à
« la portée de tous, disait-il, l'auteur a exposé les résultats
« de ses longues recherches sur la partie technique de la
« peinture et il a mérité, à notre avis, la reconnaissance que
« l'on doit aux travaux consciencieux et vraiment utiles. A
« ce dernier égard son livre est d'autant plus recommandable
« que la matière qui y est traitée est l'une de celles qui ont
« le moins profité des avantages de la publicité... C'est
« qu'aussi l'auteur n'est pas le premier venu... C'est M. Méri-
« mée, artiste, homme de savoir et, de plus, secrétaire per-
« pétuel de l'Ecole royale des Beaux-Arts, c'est-à-dire habitué
« tout au moins à tenir la plume.

« Il n'est pas étonnant, disait encore Topffer, que l'ouvrage
« de M. Mérimée ait fait du bruit dans le monde des beaux-
« arts. C'était plaisir, à son apparition, de voir les peintres
« discutant à nouveau sur le vernis copal, sur la solidité des
« laques, sur la pureté des ocres, procédant à de nouveaux
« essais, se délectant amoureusement à de petites prépara-
« tions anodines, car les artistes sont tous un peu enfants. »

____

(1) Lettre de Fabre à L. Mérimée du 16 février 1831.

Et il recommandait aux artistes et à tous ceux qui s'intéressent au bel art de la peinture cet ouvrage « où « percent d'un bout à l'autre le savoir, la seule envie d'être « utile, et ce véritable amour de l'art qui ennoblit jusqu'aux « plus minutieuses recherches (1). »

L'article élogieux du peintre-écrivain genevois a été signalé par M. Lucien Pinvert dans son étude bibliographique sur *Prosper Mérimée*(2). Le fervent Mériméiste n'est pas éloigné de croire que le *traité du Lavis à l'encre de chine* publié par Topffer deux années plus tard a été inspiré par l'essai sur les procédés de peinture dont il venait de vanter l'excellence et l'utilité pratique pour les artistes.

En Angleterre, le *Traité de Peinture* eut un grand succès. Il en parut de suite une traduction et, quelques années plus tard, Sarsfield Taylor en donna une autre à laquelle il ajouta ses observations (3).

Léonor Mérimée lui-même songea de bonne heure à en publier une seconde édition. Nous trouvons en effet dans sa correspondance avec Fabre une lettre datée du 6 janvier 1831 où il dit à son ami : « Mon fils vient de faire un voyage de « cinq mois en Espagne. Je l'avais chargé de prendre « quelques notes sur les plus anciens traités de peinture. Il « y en a un de 1469 de Pacheco. Je le lis en ce moment avec « l'aide de mon fils ». Mais le temps lui manqua sans doute car, à sa mort, on ne retrouva rien du nouveau travail qu'il avait préparé.

(1) Bibliothèque Universelle des Sciences, Belles-Lettres et Arts, rédigée à Genève. Tome XLII, 1831, pp. 276-290.

(2) Lucien Pinvert. *Sur Mérimée.* Notes biographiques et critiques. Paris, 1908, pp. 72-74.

(3) *The art of painting in oil, and in fresco, transl. from the original french Treatrise of Mérimée,* with original observations by Searsfield Taylor. London, 1839, 8 vol. petit in-8ᵉ color., cart. t. v., 5 fr.

IV

LÉONOR MÉRIMÉE ET SA FAMILLE

Léonor Mérimée s'est préoccupé toute sa vie de laisser, ainsi qu'il disait, « une belle épitaphe en lettres d'or » dans le cœur de ses amis. C'était un homme aimable et d'un commerce sûr. Sa physionomie fine, au large front, au regard doucement voilé, au sourire bienveillant quoique relevé d'une pointe de malice, décelait au premier aspect la franchise et la bonhomie. A l'Ecole Polytechnique les élèves l'adoraient. A l'Ecole des Beaux-Arts il se plaisait en de longues causeries, pleines de sens et d'esprit, qui faisaient le charme de ses auditeurs. Aux jeunes artistes étonnés de l'étendue et de la variété de ses connaissances qui venaient le consulter, il sut toujours donner un conseil utile et apporter le profit de sa grande expérience. Tous les hommes qui l'ont approché sont devenus ses amis. Tous ceux qui l'avaient connu dans sa jeunesse lui ont conservé leur attachement jusqu'à son dernier jour. Tous l'appelaient « le bon Mérimée ».

Cet homme si doux, si calme, avait vécu aux heures les plus tragiques. Fervent adepte à vingt ans des principes de la Révolution, rallié de bonne heure à l'Empire et un moment suspect au gouvernement de la Restauration, il gardait encore aux journées de Juillet quelque chose de son enthousiasme juvénile pour la liberté ; mais les désordres journaliers des années suivantes lui enlevèrent ses dernières illusions. Il le disait au publiciste Auguste Fabre (1), son ami qui

(1) Auguste Fabre est l'auteur de *La Révolution de 1830 et le véritable parti républicain* et d'une tragédie qui fut interdite par la censure.

Son frère Marie-Joseph Fabre, littérateur de mérite, fit pendant quelques années un cours d'éloquence à l'Athénée.

La lettre de Mérimée porte la date du 5 février 1834.

venait de lui envoyer son ouvrage sur *La Révolution de* 1830 :

« ... Peut-être ne partagerai-je pas votre opinion sur les
« avantages que présenterait à la France un gouvernement
« républicain. L'essai que nous en avons fait il y a quarante ans
« n'est pas encourageant. Quand je vois le peuple de Paris
« massacrer une douzaine de personnes parce qu'il croit que le
« gouvernement veut diminuer la population en empoisonnant
« le vin ; quand je le vois se persuader que les médecins sont
« les auteurs du choléra, je ne me fie pas au gouvernement de
« la multitude. Quoi qu'il en soit je lirai votre plaidoyer avec
« beaucoup d'intérêt parce que j'ai la certitude que c'est un
« ouvrage consciencieusement écrit et je n'ai pas une opinion
« aussi bonne de tous les hommes de l'opposition ; je ne les
« crois pas aussi sincères que vous dans leur croyance. »

Nous avons cru devoir reproduire ici cette lettre de
Léonor Mérimée parce qu'elle pourra peut-être servir à
expliquer les tendances politiques de son fils, du moins dans
la première partie de sa vie.

Il se maria tard. Il avait quarante-trois ans quand il s'éprit
d'une jeune fille jolie, intelligente et artiste, Anne Moreau,
dont la mère dirigeait à Passy un pensionnat où il venait
donner des leçons de dessin. Madame Moreau était la veuve
d'un chirurgien militaire attaché au corps expéditionnaire du
Canada qu'elle avait épousé à Londres et qui était mort en
lui laissant sept enfants (1). Elle appartenait à la famille des
Leprince originaire de Rouen à laquelle se rattache toute une
lignée d'artistes : — Sa mère, Jeanne-Marie Leprince (2),
mariée en premières noces au chevalier de Beaumont, est
l'auteur de la « *La Belle et la Bête* » et d'une foule d'autres
jolis contes qu'on a souvent réimprimés. Cette femme célèbre
habita longtemps l'Angleterre, s'y fit connaître par ses écrits
et consacra la fin de sa vie à travailler à l'éducation des
enfants. — Son oncle Jean-Baptiste Leprince, membre
de l'ancienne Académie, fils d'un Leprince venu s'établir
maître sculpteur à Metz (3), l'un des meilleurs paysa-

____

(2) Elle épousa Nicolas Moreau en 1762 à Londres. Elle vint ensuite
habiter avec lui près de sa mère dans les environs d'Annecy et plus tard
à Avallon.

(3) Née à Rouen en 1711, morte à Chavanod près d'Annecy en 1780.

(1) J.-B. Leprince, né en 1733, mourut en 1781. Son père avait quitté
Rouen pour aller s'établir à Metz ; il s'y maria deux fois et eut plusieurs

gistes du XVIIIe siècle, le peintre de scènes pastorales russes
dans lesquelles on retrouve le fouillis et le pittoresque de son
maître Boucher et qui furent l'objet de l'engouement des
Parisiens. — Sa cousine Marie-Anne Leprince, qui peignait

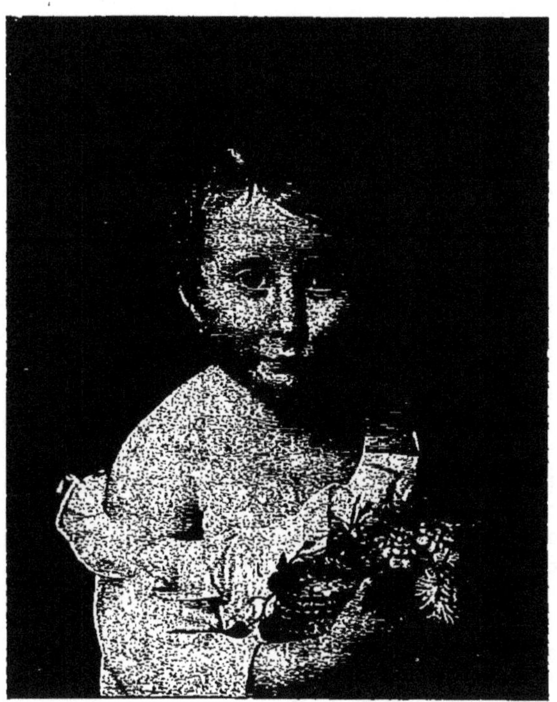

Mme Mériméc.   Collection de Mme Rérolle.

PORTRAIT D'ENFANT.

avec assez d'habileté et qui apprit de l'oncle Jean-Baptiste la
gravure à l'aquatinte pour l'aider dans les derniers temps de
sa vie. On voit qu'Anne Moreau avait de qui tenir. Son frère
Paul Moreau, professeur de physique au collège d'Avallon,

enfants ; deux de ses fils allèrent habiter la Russie où leur frère Jean-
Baptiste alla plus tard les rejoindre.

avait un vrai talent de dessinateur ; il donnait aux jeunes
filles de la ville des leçons de dessin qui consistaient principalement à leur faire copier des têtes de Raphaël à la sépia
ou à l'aquarelle, à la manière de la miniature et son enseignement n'a pas été sans influence sur le talent de certaine
artiste de nos jours (1). Elle-même peignait très agréablement la miniature. Elle faisait aussi des portraits et elle
réussissait particulièrement dans les portraits d'enfants.
On en pourra juger par celui que nous reproduisons et qui
est conservé dans la famille de son amie intime, Madame
Régnier, dont il sera parlé tout à l'heure.

Le mariage de Mérimée eut lieu au commencement de
l'année 1800. Il alla aussitôt après s'établir sur la Montagne
Sainte-Geneviève : d'abord rue d'Enfer et quelques mois plus
tard tout en haut de la colline, au Carré Sainte-Geneviève,
dans la maison portant le numéro 7. C'est là que Prosper
Mérimée vint au monde le 28 septembre 1803 ! Combien de
Mériméistes le savent-ils ! Là s'écoulèrent les quatre premières
années de son enfance durant lesquelles il fut tant choyé,
tant gâté par ses parents, constamment inquiets de sa santé
délicate et à chaque instant menacés de le perdre. Il ne reste
aucun souvenir du Carré Sainte-Geneviève. C'était une dépendance de l'antique abbaye dont la Convention venait de faire
l'*Ecole Centrale du Panthéon*, aujourd'hui Lycée Henri IV.
La maison dans laquelle habitait Mérimée, avec Deparcieux,
Binet, Duhamel et quelques autres professeurs, a disparu.
Elle fut démolie en 1807 ainsi que toutes les autres maisons,
en même temps que la vieille église de *Clovis et de Clotilde*
qu'on abattit sans pitié pour le percement de la rue Clovis
et le dégagement du Panthéon (2).

Mérimée désireux de ne pas s'éloigner trop de l'Ecole Centrale et de l'Ecole Polytechnique transférée depuis peu dans
les bâtiments du Collège de Navarre, alla se fixer de l'autre
côté du monument de Soufflot, dans la rue Neuve Sainte-
Geneviève, aujourd'hui rue Tournefort qui va du quartier
latin au faubourg Saint-Marceau. Il habita le nº 25 pendant
près de douze ans, jusqu'au moment d'aller occuper aux Petits-

---

(1) Madame Madeleine Lemaire. Sa mère était la fille du général
Hubert qui habitait Avallon ; elle fut l'une des élèves de Paul Moreau.
(2) L'Ecole Centrale du Panthéon payait à l'Etat un loyer de 8.000 francs
pour cette maison.

Augustins l'appartement réservé au secrétaire perpétuel de
l'Ecole des Beaux-Arts. C'est tout près de sa maison, à l'endroit
où la rue, aujourd'hui encore déserte et silencieuse, s'abaisse en
pente brusque vers le faubourg, que Balzac a placé la pension
de « maman Vauquer ». L'aspect des lieux n'a pas changé.
L'herbe y croît encore le long des murs et l'on s'attendrait
encore à y rencontrer Vautrin, Rastignac ou le père Goriot.
Les quelques élèves qu'il avait conservés le suivirent dans ce

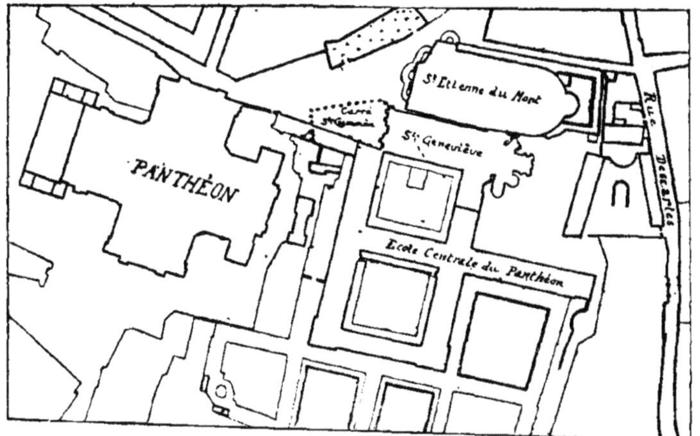

A. LA MAISON NATALE DE PROSPER MÉRIMÉE AU CARRÉ SAINTE-GENEVIÈVE.

quartier perdu. Madame Mérimée y reprit ses leçons de
dessin et y travailla à ses portraits. En 1808 elle peignit là
son fils, comme il avait cinq ans, l'air candide, de longs cheveux bouclés, la bouche déjà malicieuse. Ce délicieux portrait
qui resta longtemps suspendu dans la salle à manger de
l'appartement de la rue de Lille, est perdu. Il fut consumé
dans l'incendie du 23 mai 1871. Heureusement, Madame
Régnier en avait fait une copie très exacte. Cette copie a été
reproduite par M. Maurice Tourneux dans son excellent
ouvrage *Mérimée, ses portraits, ses dessins, sa bibliothèque.*
Grâce à l'autorisation qu'il nous a fort aimablement accordée,
on retrouvera ici ce portrait sans lequel, dit-il, « nous n'au-
« rions pas connu ce sourire ingénu qui s'échappa dès l'ado-
« lescence ».

Dix ans plus tard, Madame Mérimée fit dans cette maison un autre portrait de son fils qu'elle représenta de face, revêtu d'un pantalon gris et d'une redingote noire, assis sur un tertre derrière lequel s'étendait un vaste paysage. Ce portrait était très-ressemblant, nous assure M. Maurice Tourneux. Malheureusement, il n'en reste pas même une copie. Elle y fit aussi une copie du beau portrait de Fourcroy par Gérard qui est en la possession du docteur Laugier et le portrait de son neveu, Augustin Fresnel, élève ingénieur de l'Ecole des ponts et chaussées, d'après lequel un artiste a reproduit les traits de l'illustre physicien en tête de l'édition de ses œuvres.

Nous avons la bonne fortune de pouvoir présenter ici quelques autres portraits dus au pinceau de Madame Mérimée.

Voici d'abord le plus intéressant de tous et peut-être le meilleur, son propre portrait, qu'elle peignit elle-même au pastel peu de temps après son mariage et qu'un de ses arrière-neveux a bien voulu mettre à notre disposition (1).

Voici Victor Jacquemond, le jeune et célèbre voyageur, qui joignait au talent d'écrivain la science du naturaliste. Peu de temps avant qu'il partit pour les Indes, elle avait mis tout son art à rendre la finesse des traits, le vague du regard, la grâce de la physionomie et la beauté de la longue chevelure naturellement bouclée. La gravure de ce portrait faite par Bourrer à la manière noire, que nous reproduisons, montre qu'elle y avait réussi. Victor Jacquemond mourut à Bombay le 7 décembre 1832 au moment de recueillir la gloire, juste récompense de ses efforts. Sa mort fut un deuil pour tous ceux qui l'avaient connu. Prosper Mérimée, son ami dévoué, qui avait dîné gaiement avec lui le jour de son départ de Paris, ne pouvait s'en consoler ;

Voici Sutton Sharpe, dont la mort, à la suite d'excès de travail et de plaisirs, causa aussi à Prosper tant de chagrin. L'avocat anglais le recevait à Londres et lui envoyait des renseignements sur la politique anglaise. Prosper, en retour, le tenait au courant de la chronique parisienne, surtout de la chronique scandaleuse et, quand il venait à Paris, l'introduisait dans le cénacle de « La Rotonde ». Le portrait fut offert

____

(1) Ce portrait appartient à M. A. Schmitt, arrière-petit-fils de Paul Moreau, le frère de Madame Mérimée.

à la famille de Scharpe. Il n'a jamais été publié. Nous le reproduisons ici d'après la photographie que Mademoiselle Lœtitia Sharpe, une petite-nièce, a donnée à M. Paupe et que le fervent stendhalien, avec une parfaite amabilité, nous a autorisé à reproduire.

Mme Mérimée.   D'après une héliogravure.

PORTRAIT DE PROSPER MÉRIMÉE A L'AGE DE CINQ ANS.

Dans l'atelier de son mari, aux Petits-Augustins, elle a fait beaucoup d'autres portraits. Que sont-ils devenus ? on l'ignore. Elle n'a jamais exposé aux salons annuels.

C'était un intérieur d'artistes que celui de Léonor Mérimée. On y savait apprécier les nobles jouissances de la littérature et des arts. On y honorait par dessus tout, dit M. Augustin

Filon, l'esprit, la science et la vertu. Un petit nombre d'amis
le fréquentait, d'abord ses vieux camarades d'atelier,
Gérard, alors en plein triomphe et baron de l'Empire, Picot,
qui était entré peu d'années après lui dans l'atelier de Vincent,
François Neveu, auquel il était adjoint à l'Ecole Polytechnique
pour l'enseignement du dessin. Jacques Rochard son élève préféré qui venait d'obtenir sa médaille de 3ᵉ classe ; puis
ses savants collègues : André-Marie Ampère, l'illustre ma-
thématicien qui demeurait dans la même rue, presque porte
à porte, le chimiste Vauquelin, son compatriote normand ;
enfin des artistes anglais recommandés par ses amis de
Londres et débarqués à Paris, les uns après la paix d'Amiens,
les autres après 1814 avec le flot d'émigration anglo-saxonne
dont l'influence se fit si longtemps sentir : William Hazlitt,
littérateur entraîné vers les arts qui travailla avec lui quatre
mois dans les galeries du Louvre ; Coppley-Fielding, l'éminent aquarelliste qui débutait dans la carrière artistique ;
sans oublier deux Anglaises dont les parents avaient connu
à Londres la mère de Madame Mérimée et qui venaient
prendre chez elle des leçons de dessin : Miss Emma et
Fanny (1) Lagden, les deux grandes amies de Prosper Mérimée, ses deux *Governess* comme les appelle malignement de
Goncourt, qui l'accompagnèrent dans ses promenades aux
environs de Cannes, l'une portant son arc et ses flèches,
l'autre sa boîte d'aquarelles et dont il fit ses légataires uni-
verselles.

Prosper Mérimée grandit dans ce milieu entre un père
débonnaire qui s'enveloppait de gravité et une mère de caractère ferme et pratique, d'esprit incisif, mais peu portée aux
effusions de sensibilité, si l'on en croit cette mauvaise langue
de Stendhal qui la jugeait « susceptible d'attendrissement
une fois par an (2) ». Il prit à l'un le goût du dessin et l'amour
de l'art antique, à l'autre le don de raconter qu'elle tenait de
sa spirituelle aïeule et dont elle savait se servir à l'occasion,
excellant par ses récits, a dit M. d'Haussonville, « à main-
« tenir immobiles les petits modèles qui posaient devant
« elle (3) ». Il prit à tous les deux leur incrédulité absolue.

<hr>

(1) Miss Fanny Lagden, devenue plus tard Mistress Ewers.
(2) Stendhal, *Souvenirs d'Egotisme.*
(3) D'Haussonville, Réponse au discours de réception de M. de Loménie
à l'Académie française.

Collection de M. A. Schmitt.

PORTRAIT DE MADAME MÉRIMÉE PAR ELLE-MÊME (Pastel).

Que faut-il penser de l'anecdote de son enfance qui aurait provoqué chez lui l'éclosion du scepticisme et de l'ironie ? Nous n'avons pas à le chercher ici ! Elle a été contée, dans l'introduction des *Lettres à une inconnue,* par Taine qui la

Mᵐᵉ Mérimée.   Gravé par Bourrer.

tenait de Sainte-Beuve, lequel l'avait recueillie des lèvres de Madame Mérimée. Bornons-nous à la reproduire telle que la donne M. Augustin Filon dans son dernier ouvrage *Mérimée et ses amis* : « Prosper avait cinq ans ; il avait fait quelque « petite faute. Sa mère qui était occupée à peindre le mit hors « de l'atelier en pénitence et ferma la porte sur lui. A travers

« cette porte, l'enfant se mit à demander pardon, à promettre
« de ne plus recommencer, et il employait les tons les plus sé-
« rieux et les plus vrais. Elle ne lui répondait pas. Il fit tant
« qu'il ouvrit la porte et, à genoux, il se traîna vers elle, sup-
« pliant toujours et d'un accent si sérieux, et d'un accent si
« pathétique, qu'au moment où il arriva en sa présence, elle ne
« put s'empêcher de rire. A l'instant il se releva et, changeant
« de ton : Eh bien ! s'écria-t-il, puisqu'on se moque de moi, je
« ne demanderai plus jamais pardon. »

M. Augustin Filon ne peut croire que le scepticisme de
Mérimée date de ce jour-là ; mais en observant de près le
portrait de l'enfant à cet âge, il n'hésite pas à dire que « sa
« physionomie fait pressentir, avec le besoin d'aimer qui rend
« l'homme bon ou mauvais, les deux traits dominants, curio-
« sité et sensualité ». A l'appui de ce jugement j'apporte aux
mériméistes (s'il en est qui me lisent), une anecdote très
ignorée, très authentique et tout à fait caractéristique.
Madame Mérimée avait chez elle, comme pensionnaire,
une jeune fille, Mademoiselle Dubost, dont les parents
habitaient la province et qu'elle avait prise en affection. Vers
la fin de l'année 1810, cette jeune fille vint à se marier. Elle
épousait le docteur Régnier qui l'enmena habiter Saint-
Cheron, dans le Gâtinais, à dix lieues de Paris. Quand on lui
annonça ce mariage, le jeune Prosper, épris pour Mademoiselle Dubost d'une véritable passion, refusa obstinément de
voir le fiancé et ne consentit que bien longtemps plus tard à
lui adresser la parole. Il avait sept ans. Un tel enfant n'était-il
pas prédestiné à l'adoration de la femme ? L'aventure, nous
le répétons, est véridique ; elle nous a été racontée par la
petite-fille de celle qui en fut l'héroïne. On se retrouve dans
la vie !. Plus tard, l'Académicien vint souvent dans ce joli
village de Saint-Cheron où son cousin, Léonor Fresnel,
inspecteur général des ponts et chaussées, avait sa maison
de campagne. A chacun de ses voyages il ne manquait jamais
d'aller rendre visite à Madame Régnier (1), la plus fidèle
amie de sa mère. N'est-elle pas amusante l'histoire de cette
inconnue de Prosper, tout à fait inconnue celle-là, et nous
pouvons l'assurer, la première en date ?

---

(1) Le docteur Jean-Baptiste Régnier fut maire de Saint-Chéron depuis
1834 jusqu'à sa mort en 1861. C'est Madame Régnier qui fit, comme nous
l'avons rapporté, la copie du portrait de Prosper Mérimée par sa mère.

A huit ans on mit Prosper externe en septième au Lycée Napoléon. Gustave de Wailly, le fils du Proviseur et Parceval de Grandmaison, étaient dans sa classe. Son cousin Fulgence Fresnel, son camarade, Jean-Jacques Ampère, Montalivet le futur ministre, Romieu non encore réputé comme mys-

PORTRAIT DE SUTTON SCHARPE.

tificateur, Lenormand, Bastide, avec lesquels il se lia plus tard, étaient dans les *grands*. Il savait l'anglais, l'ayant appris de ses parents en même temps que le français ; il écrivait comme les Anglais de cette belle écriture allongée alors toute nouvelle chez nous ; il était habillé avec élégance à la mode anglaise et cette prédilection déjà marquée pour les manières d'outre-Manche qui dégénéra plus tard en anglomanie et en dandysme, la recherche de sa toilette, furent la cause des taquineries qu'il eut à subir, dès les premiers jours

de la part de ses camarades. Son caractère y fut sans doute
aussi pour quelque chose. A ce sujet nous pouvons fournir
un témoignage inédit et précieux. C'est une lettre de
Madame Mérimée à son frère Paul Moreau. Elle lui écrivait quelques jours après la distribution des prix de
l'année 1812 pour lui annoncer le premier succès de son fils :
« Prosper est en vacances, cependant il suit toujours le
« Lycée parce qu'on y reçoit encore une leçon par jour. Il
« a été couronné. Nous sommes fier comme tu penses !
« Il a eu un second prix de *thème et un premier accessit*
« en version. Il passera à la rentrée dans une classe plus
« forte et plus nombreuse; il faut piocher en vacances
« pour tâcher d'être quelquefois le premier parce qu'il a un
« grand désir d'aller à la Saint-Charlemagne où ne sont
« admis que les premiers de chaque classe. Il a force ambi-
« tion ; mais *il est mauvais et goilleur* (sic) *à taper ;* sa santé
« n'est pas mauvaise ; cependant il est maigre *comme un*
« garenne (1). » Voilà ce qu'écrit une mère à qui l'amour
maternel ne fermait pas les yeux sur les défauts de son
fils ! Cela va bien avec ce que nous savons de son caractère
à elle-même ; mais « mauvais et gouailleur à taper » est
adorable ! Au reste, les mériméistes pourront rapprocher ce
jugement du portrait tracé dix ans plus tard par Stendhal
lorsqu'il fit la connaissance de Prosper Mérimée dans la
petite maison de Lingay, son professeur de rhétorique.
« Ce pauvre jeune homme en redingote grise, si laid avec
« son nez retroussé, avait quelque chose d'effronté et d'ex-
« trêmement déplaisant. Ses yeux petits et sans expression
« avaient un air toujours le même et cet air était
« *méchant* (2) ».

Ainsi donc Prosper travaillait avec ardeur. Il avait de
l'ambition. Au collège ses études ne furent pas aussi peu
brillantes qu'on a voulu le dire, puisqu'il obtint chaque
année de nouveaux succès : deux accessits de version et de
thème en sixième, un premier prix de version latine en cin-
quième, un accessit de thème latin ainsi qu'un accessit de
version grecque et un accessit de thème en quatrième, un
premier accessit de version latine en troisième, un autre

---

(1) Lettre communiquée par M. Bernard Schmitt, arrière-petit-fils de
Paul Moreau.
(2) Stendhal, *Souvenirs d'égotisme.*

encore en seconde avec un de version grecque (1). L'année 1819 durant laquelle il perdit son temps à étudier la magie fut la seule où il n'obtint aucune nomination.

A la fin de sa première année d'étude il avait été question de le mettre pensionnaire. Sans doute pour qu'il put travailler davantage. Dans la lettre dont nous parlions tout à l'heure et que nous avons sous les yeux, sa mère disait encore : « Je suis indécise si je dois ou non solliciter une « pension au Lycée. Je ne sais s'il y aurait plus d'avantages « pour lui à y être pensionnaire ou à continuer de suivre « comme externe ». Mais ses parents se décidèrent pour l'externat et il semble bien qu'en cette circonstance l'avis de Madame Mérimée ait prévalu.

De bonne heure, le père remarqua, et non sans satisfaction, les grandes aptitudes de son fils pour le dessin. Il prit plaisir à le voir s'essayer tout enfant à des paysages d'après nature. Plus tard il laissa Simon Rochard, son élève et ami lui donner quelques leçons. Après 1815, il lui permit de travailler avec les artistes anglais qui recevaient chez lui son enseignement. Mais, dans sa pensée, ces études ne devaient être qu'un amusement et le temps à y consacrer devait être très court. Il n'était pas disposé à encourager Prosper dans une voie dont il connaissait les difficultés. C'est ce qu'il expliqua nettement à Rochard dans une des premières lettres qu'il lui adressa à Londres où celui-ci venait de se retirer :

« Prosper a toujours la fantaisie de faire du barbouillage « d'après nature », lui écrivait-il en 1817, « et il se flatte « d'arriver un jour à faire des pochades qui rappelleront les « vôtres et celles des artistes anglais. Pour moi je pense « qu'avant de pouvoir exprimer comme Constable les divers « objets dont se compose un paysage il serait utile de pou- « voir les imiter avec précision, mais l'objet essentiel est que « Prosper acquière, sans y employer beaucoup de temps, « assez de pratique pour pouvoir s'amuser ». Dès ce moment l'intention de Mérimée était arrêtée. Il ferait suivre à son fils la carrière du barreau. Toutefois on ne trouve cette décision explicitement formulée que quatre ans plus tard, dans un passage d'une de ses lettres à Fabre qui a été souvent citée :

(1) Lucien Pinvert, *Un Post-scriptum sur Mérimée.*

« J'ai un grand fils de dix-huit ans dont je voudrais bien
« faire un avocat. Il avait des dispositions pour la peinture
« au point que, sans avoir jamais rien copié, il fait des
« esquisses comme nos jeunes élèves et ne sait pas faire un
« œil. Toujours élevé à la maison, il a de bonnes mœurs et
« de l'instruction (1). »

C'est alors qu'il fit prendre à Prosper ses premières inscriptions de droit et qu'il le conduisit dans le monde. Dans
le salon d'Ampère que fréquentaient des savants et des litté-
rateurs, le jeune étudiant fit la connaissance de Stapfer.
Dans le salon de Gérard, le plus curieux et le plus amusant
de Paris, il rencontra les anciens élèves de David avec la nouvelle génération d'artistes. Il courut aussi les bals et il trouva
encore le temps d'étudier le grec, les langues modernes, la
théologie, la numismatique, l'épigraphie et l'architecture,
amassant les matériaux d'une étonnante érudition, prenant
en aversion les vains discours et sentant naître en lui le désir
de savoir le pourquoi et le comment de toutes choses, de
connaître toutes les techniques, mais n'abandonnant rien de
son goût pour le dessin auquel il continua de donner tous les
instants que lui laissaient ses études et la vie mondaine. Reçu
avocat trois ans après, lancé déjà dans le mouvement littéraire et toujours épris de peinture, il partit pour Londres
avec Delacroix et Delécluze, y prit quelques leçons auprès de
Rochard et revint à Paris plus enthousiaste encore de l'Ecole
anglaise. Ne nous étonnons donc pas qu'à ce moment, son
père se soit demandé s'il n'avait pas contrarié sa vocation
d'artiste. Cette pensée le tourmenta un moment. Au mois de
mars 1827, il écrivait, en effet, à Rochard.

« L'impulsion que Prosper a reçu de vous subsiste dans
« toute sa force et son plus grand plaisir est de mettre de la
« couleur sur du papier. Malheureusement il n'a pas comme
« vous de fondations solides ; il ne sait pas dessiner un œil ;
« de sa vie il n'a pas étudié l'attache d'un poignet. S'il en
« savait autant que nos médaillistes même de rangs infé-
« rieurs, il serait plus habile qu'eux... »

Et, le mois suivant, il lui disait encore :

« Vous avez imprimé à Prosper un désir de peindre qui ne
« s'est pas ralenti. Il a copié à l'aquarelle quelques esquisses

______

(1) Lettre de Léonor Mérimée à Fabre du 16 décembre 1821.

« que j'ai faites d'après Rubens et ses copies sont fort exactes
« de couleur ; mais il ne suffit pas d'avoir l'œil sensible à la
« couleur ; il faut connaître un peu la forme et il n'a jamais
« dessiné un œil ; toutefois, s'il persévère, il pourra dessiner
« le paysage d'après nature fort agréablement pour un ama-
« teur. J'avoue que s'il eût commencé plus tôt, je le verrais
« barbouiller du papier avec plaisir ; .mais puisqu'il s'est
« lancé dans la littérature et qu'il a débuté avec quelque
« succès il me semble, quand je le vois employer une matinée
« entière à peindre, qu'il perd son temps. Mais il y a un
« charme indicible à faire ce qu'on n'est pas obligé de
« faire (1). »

Les observations, les conseils, le soin qu'il prit à con-
vaincre son fils de l'importance du métier dans l'art, ne
furent toutefois pas perdus. Il s'en aperçut bien au retour du
voyage d'Espagne d'où Prosper lui rapporta quelques études.
Quand il les eut examinées, il s'empressa d'écrire à Rochard :

« Prosper a fait quelques croquis d'après Velasquez, Mu-
« rillo et Rubens dans lesquels on reconnaît le coloris de
« chaque maître. Ce travail d'agrément c'est à vous qu'il le
« doit. Lorsqu'il revint de Londres où il avait vu vos aqua-
« relles il crut que rien n'était plus facile ; il se mit à bar-
« bouiller du papier et maintenant il en sait assez pour
« s'amuser (2). »

Et c'est de ce jour surtout que Prosper s'amusa à « barbouiller du papier », à couvrir ses livres, ses notes, de charges et
de croquis. Il s'amusa aussi, comme on sait, de bien d'autres
manières qui toutes ne furent pas très édifiantes, sans que
cela l'empêchât de faire son chemin dans l'administration où
il venait d'entrer par la protection du duc de Broglie.

Léonor Mérimée a tenu le baron Fabre au courant de tout
ce qui intéressait la carrière de son fils et il le renseigna sur
toutes les étapes par lesquelles on le fit passer. Il lui écrivait
le 6 avril 1831 :

« Mon fils désirait courir la carrière diplomatique et au
« commencement de l'année on lui proposa d'entrer au Mi-
« nistère de la Marine comme chef du secrétariat ; il devait
« être en même temps nommé maître des requêtes ; mais sa

(1) Lettre à Rochard du 14 avril 1827.
(2) Lettre à Rochard du 11 février 1831.

« nomination ne pouvant avoir lieu de suite, il est toutefois
« entré en fonctions au mois de février. Six semaines après,
« changement dans le ministère ; le comte d'Argout quitte la
« marine et passe à l'intérieur ; mon fils l'a suivi et n'a pas
« encore le titre qui lui a été promis. Voilà ses occupations
« littéraires interrompues ; mais il acquerrera dans l'admi-
« nistration des idées nouvelles que plus tard il mettra en
« œuvre... »

Le 30 mai 1834 voici comment il lui annonçait sa nomination aux fonctions d'inspecteur des monuments historiques :

« Si vous lisez quelques-uns de nos journaux, vous
« aurez pu voir que mon fils est casé de la manière la
« plus agréable. Il avait été question de le mettre à la division
« des Beaux-Arts au Ministère de l'Intérieur et je redoutais
« beaucoup cette place dans laquelle il se serait fait nécessai-
« rement beaucoup d'ennemis et fort peu d'amis. Nommé
« Inspecteur des Monuments de la France il ne sera pas en
« contact avec les amours-propres des artistes et des gens de
« lettres ; ses nouvelles études le rattacheront naturellement
« à celles qu'il a déjà faites et, quand bien même on viendrait
« à supprimer cette place, le peu de temps qu'il y aura passé
« lui aura toujours été profitable. Il compte commencer ses
« courses par les départements du midi. J'ignore s'il passera
« à Montpellier mais, à coup sûr, il n'y passerait pas sans
« aller vous faire une visite. Il ne quittera pas Paris avant le
« mois d'août. Entre temps il apprend à mouler ; ce qui dans
« ses voyages lui sera utile car il ne trouvera pas toujours des
« ouvriers sur les lieux. »

Sa dernière lettre, datée du 13 août 1834, apportée
à Montpellier par Prosper Mérimée lui-même, est particulièrement intéressante à connaître :

« Vous pourrez, disait-il à son ami, lui donner d'utiles con-
« seils. Il s'en faut de beaucoup qu'il ait les connaissances
« qui seraient nécessaires pour bien remplir sa mission ; mais
« il est jeune, naturellement observateur et, s'il peut suivre
« jusqu'à nos âges la carrière dans laquelle on l'a fait entrer,
« il sera un antiquaire d'une force respectable dont les futurs
« Winkelmann parleront avec éloges. »

Ici, nous sommes bien forcés de le constater, le père a
manqué quelque peu d'indulgence et en même temps il n'a pas

fait preuve de clairvoyance. Si, en effet, Prosper Mérimée, à trente ans, n'avait pas encore acquis toutes les connaissances nécessaires à un inspecteur des monuments historiques, il n'allait pas tarder, par ses patientes études, à acquérir celles qui lui manquaient et il possédait déjà, avec la conscience de ses devoirs, toutes les qualités de l'artiste, du critique, de l'érudit. Il fut l'inspecteur type, proclame M. Filon. On sait quels services il a rendus à la conservation et à la sauve-garde des monuments qui forment notre patrimoine national. En archéologie, au contraire, si l'on en croit l'auteur d'un article récent, « sa science était courte » et même « il aurait commis quelque bévue (1) ». Mais, en cette matière, nous ne sommes pas compétent.

A la fin de cette même année 1834, Léonor Mérimée parlait aussi de son fils à l'abbé Requien. En lui adressant le der-nier ouvrage de Prosper, sans doute *La Double Méprise*, il le remerciait de ses services hospitaliers. Mais, dans sa lettre fort longue, il passait assez dédaigneusement sur « cet opus-cule » et il se complaisait à demander à l'excellent abbé toutes sortes de détails sur la manière de cultiver les patates dont il venait de recevoir d'Avignon quelques spécimens. Décidé-ment les préoccupations culinaires étaient de tradition dans la famille !

Dans sa volumineuse correspondance nous n'avons rien trouvé sur son frère aîné Charles-François, qui fut, comme son père, avocat au parlement et dont le nom est cité en 1789 dans une affaire de la ville de Bernay au sujet des canons enlevés au château de Broglie. Nous n'avons rien trouvé non plus sur sa sœur Thérèse-Jeanne-Victoire qui ne se maria point, hérita de la maison paternelle et s'en alla demeurer chez son beau-frère à Mathieu où elle mourut en 1819. Mais nous sommes riches de renseignements sur sa seconde sœur, Augustine et sur ses neveux, les Fresnel.

Augustine-Charlotte-Marie-Louise Mérimée, douée des plus heureuses qualités du cœur et de l'esprit, avait reçu dans sa jeunesse une éducation solide. Elle épousa le 20 jan-vier 1785 l'architecte Jacques Fresnel (2) que le maréchal de

(1) André Hallays. *Mérimée archéologue, Revue des Deux-Mondes,* 15 avril 1911.
(2) La famille de Jacques Fresnel était fixée depuis deux siècles à Ma-thieu, patrie du poète Jean Marot. Son père, Jacques Fresnel, était

Broglie avait appelé auprès de lui l'année précédente pour
exécuter des travaux sur ses domaines. Cinq ans après, son
mari ayant été chargé de la construction du fort de Querque-
ville près Cherbourg, elle alla habiter la maison qu'il possédait au village de Mathieu, dans les environs de Caen où
la tourmente révolutionnaire le força bientôt à se retirer.
Là cette noble femme se consacra à l'éducation de ses
quatre fils auxquels elle donna constamment l'exemple de
la piété, du devoir et de l'abnégation. Les deux premiers
étaient nés à Broglie ; le troisième vint au monde à Mathieu.
Tous les trois firent leurs études à l'Ecole centrale de Caen
qui présentait alors une réunion de professeurs du plus
grand mérite. Tous les trois entrèrent à l'Ecole Polytechnique.

L'aîné, *Louis-Jacques*, y fut admis en 1803. Sa rare intelligence semblait l'appeler aux plus brillants succès dans la carrière des sciences et des lettres, et la pieuse mère priait Dieu
« de lui faire la grâce d'employer les grands talents qu'il
avait reçus pour l'utilité et le bien général » ; mais la destinée
en décida autrement. Le jeune homme, de santé robuste, embrassa la carrière des armes et il fut tué en Espagne au siège
de Jacca en 1809, quand il n'avait encore que les épaulettes de
lieutenant d'artillerie.

Le second, *Augustin*, dont la santé extrêmement délicate
avait d'abord retardé les études, fut reçu en 1804 à seize ans.
C'est l'illustre savant. A peine sorti de l'Ecole des Ponts et
Chaussées, celui-là faisait paraître successivement, de 1814 à
1822, avec une rapidité extraordinaire, la série des *Mémoires*
qui établirent d'une manière définitive la théorie des phéno-
mènes lumineux et qui remplirent d'admiration le monde savant. A trente-cinq ans, il était membre de l'Académie des
Sciences ; un an plus tard membre de la Société royale de
Londres, décoré de la Légion d'honneur et lauréat du prix
Rumford. A trente-neuf ans, épuisé par l'énormité de son
labeur, il mourait dans les bras de sa mère, à Ville-d'Avray,
le 14 juillet 1827. Son monument érigé à Broglie le 14 sep-

architecte inspecteur des Travaux publics et membre du Conseil des prisons. C'est lui qui a construit le château de Grandehain (canton de Beau-
mesnil). En 1731 il a publié un ouvrage intitulé : *Considérations sur
la nécessité de fonder des maisons de refuge pour les condamnés libérés.*
Paris, 1731, in-8° avec plan.

tembre 1884 est adossé à sa maison natale (1), sur la façade
qui regarde la vieille église romane du village, au bord de la
grande route de Rouen.

Le troisième, *Léonor*, reçu en 1807, sortit également dans
le corps des Ponts et Chaussées. Il fut le digne successeur de
son frère. Appelé à la direction des phares, il y fit prospérer
son noble héritage et il mourut en 1869 après avoir consacré
plusieurs années à la publication de ses œuvres.

Le quatrième fils, *Fulgence*, né à Mathieu, fit ses études au
Lycée Napoléon. Il embrassa la carrière des lettres et devint
un orientaliste de premier ordre. Agent consulaire de la
France, membre de la Société Asiatique et correspondant de
l'Académie des Inscriptions, il mourut en 1855 à Bagdad où
le gouvernement l'avait envoyé explorer les antiquités de la
Mésopotamie (2).

Prosper Mérimée n'a pas connu Louis, l'aîné de ses cousins
germains. Il n'avait encore que douze ans quand Augustin,
exilé en Bretagne, fut rappelé à Paris pour achever ses travaux de physique mathématique auxquels lui ne pouvait
rien entendre. Il entretint les relations les plus affectueuses
avec Léonor dont la carrière s'écoula tout entière à Paris,
qui le recevait à Saint-Chéron pendant la saison d'été et qui
mit plus tard à sa disposition la moitié du premier étage de
sa maison de la rue de Lille. Il fut vraiment l'ami de Fulgence ; c'est que l'âge de celui-ci se rapprochait du sien, qu'ils
avaient été ensemble sur les bancs du collège et que la simi-
litude de leurs études, ainsi qu'une même passion pour l'archéologie les attiraient l'un vers l'autre.

Pour ses neveux, Léonor Mérimée fut un véritable père.
Heureux de leurs succès, fier des éloges dont ils étaient
l'objet, il lui semblait retrouver chez eux, mais à un degré
bien supérieur, les aptitudes diverses dont lui-même avait
été doué. Louis qui avait fait des études littéraires brillantes
était surnommé par lui *l'écrivain* ; Léonor, son filleul, qui
montrait d'heureuses dispositions pour le dessin, était

____

(1) Cette maison fut achetée en 1768 par l'avocat François Mérimée,
père de Léonor Mérimée. Elle passa après sa mort à sa fille Thérèse-
Jeanne-Victoire, qui mourut en 1819 la laissant à son frère Léonor et à
sa sœur M⁻ Fresnel. Elle fut vendue 5.000 francs, le 21 juin de cette
même année, à un épicier dont les héritiers la possèdent aujourd'hui.

(2) Voir appendice. Tableau généalogique de la famille Fresnel.

l'*artiste* ; Augustin, dont tous les professeurs vantaient la rare intelligence, était le *savant*. Celui-ci fut son préféré. Quand on l'envoya dans le département de la Drôme, occuper un poste d'ingénieur, Mérimée entama aussitôt avec lui une correspondance qui dura jusqu'à l'année 1815. Cette correspondance a été recueillie et insérée à la suite de l'édition des œuvres d'Augustin Fresnel publiée sous les auspices de l'Académie des Sciences. Elle nous montre l'oncle s'intéressant aux méditations philosophiques qui occupèrent d'abord les loisirs de son neveu, l'encourageant, comme nous l'avons dit au chapitre précédent, à poursuivre les recherches chimiques qu'il avait commencées, s'occupant de lui faire parvenir les livres nécessaires à ses études physico-chimiques, se chargeant enfin de remettre ses mémoires à l'Institut et de le recommander aux savants.

C'est lui qui, au commencement de l'année 1814, envoya, à Augustin un mémoire sur la polarisation de la lumière dont l'Académie avait pris connaissance quelques mois auparavant et qui le détermina ainsi à se consacrer tout entier aux travaux d'optique dans lesquels il devait trouver l'immortalité. On lira ici avec intérêt quelques-unes de ses lettres adressées d'abord à Nyons où Fresnel fut relégué sous la surveillance de la police, au commencement des *Cent jours*, pour s'être joint comme volontaire à la petite armée du duc d'Angoulême en marche contre Napoléon, ensuite à Rennes où le gouvernement le nomma ingénieur à la fin de l'année 1815. On y verra que Mérimée entretenait des rapports d'amitié avec plusieurs savants, tels qu'Ampère, Arago, Prony, qu'il était au courant des petites intrigues de l'Académie des Sciences dont Laplace était le *grand Electeur* et dont Arago voulait déjà être le *Général*, qu'il employait toute son influence à gagner à la cause de la théorie nouvelle des *Ondulations* imaginée par son neveu, certains *Emissionnaires*, partisans avec Biot de la théorie de l'*Emission*, qu'il travaillait enfin à obtenir du Gouvernement le rappel à Paris du glorieux inventeur.

20 décembre 1814.

« Ampère m'avait promis qu'il répondrait à tes deux lettres
« aussitôt qu'il serait nommé à l'Institut. Il a été nommé, le
« traître, et cependant il n'a pas encore écrit une panse d'*a*
« sur le sujet de ton mémoire. J'ai pourtant cabalé de tout

« mon pouvoir en ta faveur et, quoique je n'aie eu que des
« portes ouvertes à enfoncer, je ne le tiens pas quitte pour
« quelques phrases de remerciements et pour le dîner qu'il
« me donne aujourd'hui avec quelques hommes d'élite de sa
« brigade...

    « ... Si Arago se trouvait par hazard de la réunion d'au-
« jourd'hui je dirais à Ampère de lui remettre ton mémoire
« sous la condition de te faire passer ses observations. »

Cette lettre portait en post-scriptum :

    « Ainsi que je l'avais présumé, j'ai dîné hier avec Arago et
« devant Ampère je lui ai parlé de ton mémoire ; je l'ai prié
« d'y jeter un coup d'œil et d'y répondre par écrit. Il me l'a
« promis de très-bonne grâce. »

Du 15 novembre 1815.

    « Je te réponds de suite pour te tranquilliser sur ton mé-
« moire. Il ne m'est parvenu qu'hier mardi ; ainsi il n'était plus
« temps de le faire enregistrer à l'Institut ; mais comme il fait
« suite à l'autre, j'ai pensé que je pouvais directement le pré-
« senter à M. Arago et je sors de chez lui. Il m'a dit qu'il allait
« le lire et qu'il désirait beaucoup y trouver la confirmation
« d'un fait qui, selon lui, établit mieux qu'aucun autre la théorie
« des Ondulations... »

1er décembre 1815.

    « ... M. Arago a reçu ta lettre et il doit te répondre. Il ira
« un de ces matins trouver M. de Prony pour lui représenter
« que la gloire du Corps des Ponts et Chaussées est inté-
« ressée à ce qu'un de ses membres continue certaines
« plaisantes et curieuses expériences qu'il a commencées et,
« attendu que de longtemps on ne pourra occuper nos ingé-
« nieurs, pour que le susdit soit envoyé à Paris... »

6 mars 1817.

    « ... Tu as dû recevoir il y a une quinzaine de jours au
« moins une lettre de ton défenseur Arago qui m'a rencontré
« comme il venait d'avoir un rude combat à soutenir envers et
« contre les *émissionnaires* lesquels ont trouvé à propos de
« remettre en question la *diffraction* de la lumière et proposé
« un prix pour celui qui l'expliquerait le mieux suivant la
« doctrine qu'ils ont adoptée. Arago, pris au dépourvu, fait
« tête à l'attaque ennemie, appelle les siens et parvient à

« arrêter l'invasion, c'est-à-dire qu'il obtient qu'il serait fait
« mention de ton mémoire dans le programme.

« Il pensait dans les premiers instants que tu ne devais pas
« descendre dans l'arène, mais publier dans les *Annales* tout
« ce que tu trouverais de nouveau...

« ... Hier j'ai vu Ampère qui m'a demandé de tes nouvelles
« et m'a fortement engagé à t'écrire de te mettre sur les rangs
« et de renvoyer au concours ton mémoire avec les nouvelles
« observations que tu as faites et que tu pourras faire encore.
« Il gagnera assurément le prix, m'a-t-il dit ; pour lui et pour
« la chose il faut qu'il concoure ».

« J'ai fait quelques objections sur la partialité des Commis-
« saires s'ils étaient choisis dans la secte des *Biotistes*. Ampère
« m'a répondu que ce n'était point à craindre, que le Général
« Arago ne manquerait pas à l'époque de la nomination des
« Commissaires de faire sentir l'inconvenance de nommer des
« hommes de couleur, et qu'il arriverait ce qui arrive toujours
« lorsqu'on avertit la République que le citoyen Laplace veut
« dominer. Alors le peuple savant est plutôt incliné à prendre
« le contre pied et à punir de l'ostracisme l'ambition du
« citoyen (1).

« Je pourrais aussi te dire que j'ai dîné il y a bien un mois
« avec le directeur Prony : qu'il me demande de tes nouvelles
« avec beaucoup d'intérêt ; qu'il me témoigne le désir de te voir
« à Paris. A quoi je répondis que cela dépendait de lui, qu'il
« n'avait qu'à négocier cela avec les puissances. Je ne me sou-
« viens plus du reste de la conversation mais j'en rendis compte
« sur le champ à l'*artiste* Léonor et je le chargeai de te le
« mander. »

Léonor Mérimée parvint à l'extrême vieillesse. En 1834 le
chétif. *Lisciaso* du palais Mancini était encore sur pied
presque sans infirmité, « Malgré mes soixante-dix-sept ans »,
écrivait-il à Fabre, « je me porte passablement ; mais mon
« oreille devient plus dure de jour en jour et cela n'est pas
« commode dans les assemblées délibérantes qu'il faut diri-
« ger et dont il faut rendre compte (2). » Jusqu'à la veille de
sa mort il assista aux réunions du Conseil des Professeurs

---

(1) Il est juste de rappeler que les objections présentées par Léonor Mérimée n'étaient pas fondées et qu'Ampère avait raison, car Laplace rendit
une éclatante justice à la belle découverte de Fresnel.

(2) Lettre à Fabre du 30 mai 1834.

de l'Ecole des Beaux-Arts. L'année 1836 lui apporta tout un cortège d'infirmités et de souffrances auxquelles il espéra trouver *quelque soulagement par un séjour à la campagne à* Saint-Cheron, chez le docteur Régnier. Le 29 mai il écrivit à Rochard :

« Ma santé, mon cher ami, est toujours mauvaise. Les
« médecins n'ont pas pu depuis quatre mois arrêter une
« maladie d'entrailles qui m'affaiblit de jour en jour au point
« que je n'ai plus que la peau et les os. Je vais aller à la
« campagne à dix lieues d'ici chez un médecin de mes amis ;
« nous verrons si l'air vif me ranime un peu. Si je ne suis
« pas remis durant la belle saison, il faudra que je plie
« bagages (1). » Un traitement homéopathique le remit sur pied pendant quelques semaines ; mais le 27 septembre une bronchite l'emporta. Les détails de sa fin sont connus. Prosper Mérimée les a donnés à Rochard dans la lettre qu'il lui écrivit le 25 janvier 1837 et que nous reproduisons ici tout entière :

« Mon cher Ami,

« Je profite d'une occasion pour répondre à votre lettre du
« 14 décembre dernier. Au moment de la mort de mon père,
« j'étais trop accablé pour écrire à ses amis ; un de mes cousins
« s'était chargé de ce soin, et je pense que c'est par lui que vous
« avez appris la perte que nous avons faite. Vous me demandez
« de tristes détails, je vais vous les donner. Mon père tomba
« malade l'hiver dernier. Son médecin, après avoir fait tout
« ce que l'expérience lui conseillait, n'était pas parvenu à
« arrêter le mal qui était un désordre dans les voies diges-
« tives. Il n'avait rien gagné au bout de trois mois que
« quelques courts répits pendant lesquels les symptômes
« disparaissaient pour revenir bientôt. Mon père était
« devenu d'une faiblesse extrême, mais il n'avait pourtant
« rien perdu de son activité et continuait à se livrer à ses
« occupations ordinaires. Au mois de juin 1836, j'étais en
« Alsace fort inquiet, et j'avais chargé un de mes amis qui le
« voyait tous les jours de me prévenir s'il était nécessaire de
« hâter mon retour. Mon père m'écrivit alors qu'il n'avait

____

(1) Lettre à Rochard du 29 mai 1836.

« presque aucune espérance, m'engageant pourtant à ne pas
« quitter ma tournée parce que sa maladie serait longue et
« qu'il aurait le temps de me revoir. Il est impossible, mon cher
« ami, de montrer plus de calme, de résignation, de vraie
« philosophie que mon père n'en avait dans un moment où les
« hommes les plus fermes se sentent ébranlés. J'allais revenir,
« lorsque je reçus de lui une autre lettre dans laquelle il me
« mandait qu'ayant essayé de l'homéopathie, son état s'était
« sensiblement amélioré. Soit que ce traitement ait eu un effet
« réel, soit que la nature eût fait un effort, il est certain que
« depuis le jour où il s'était mis entre les mains du docteur Pé-
« troz, mon père allait beaucoup mieux. L'appétit était
« revenu, il était gai, confiant, et ne souffrait en aucune
« manière. Lorsque je le revis au mois d'août, je le trouvai
« beaucoup mieux que je ne l'avais laissé. Vous savez,
« mon cher ami, que mon père n'était pas crédule et qu'il avait
« pour habitude d'examiner toute chose avant de la regarder
« comme vraie. Des expériences de chimie qu'il avait faites
« lui-même, lui avaient démontré qu'il y avait dans la médecine
« homéopathique des faits vrais, et ce n'est qu'après ces expé-
« riences qu'il se détermina à suivre ce régime. A la fin de l'été
« il était aussi bien que possible. La digestion était bonne, il se
« portait parfaitement, seulement il n'avait pas encore repris
« ses forces et après une maladie de langueur qui avait duré
« six mois et à 79 ans, vous sentez que cela est très difficile.
« Malgré sa convalescence, nous redoutions beaucoup, ma mère
« et moi, l'approche de l'hiver. Au mois de septembre, le doc-
« teur Pétroz fut obligé de faire un voyage. Il regardait mon
« père comme guéri. Il partit, nous indiquant un médecin de
« ses amis, par précaution et le croyant tout à fait inutile. Un
« jour, mon père fit une longue course en voiture et eut l'impru-
« dence de laisser ouvertes les deux portières de la voiture Il
« gagna un rhume qui se changea bientôt en catarrhe. Cette
« indisposition n'eut été rien en tout autre temps ; mais fatigué
« comme il était, ce devint une maladie sans remède. Il n'avait
« pas la force matérielle pour repousser les flegmes qui s'amas-
« saient dans sa poitrine. Quatre jours après, il n'était plus. Sa
« mort fut douce. Il expira comme une lampe qui s'éteint faute
« d'huile, sans souffrance apparente et conservant jusqu'au
« dernier moment ce calme et cette sérénité que vous lui
« connaissiez. S'il est pour nous un adoucissement à une si

« grande perte, c'est de penser que sa fin n'a point été accom-
« pagnée de douleurs et même qu'elle a été si imprévue qu'il
« n'a pu se livrer à des pensées tristes avant de succomber.
« Il avait d'ailleurs conservé sa connaissance jusqu'au dernier
« instant et il s'était levé toute la journée qui précéda sa mort.

« Ma mère a supporté cette perte avec son courage accou-
« tumé. Heureusement un événement qu'elle désirait depuis
« longtemps lui a apporté quelque distraction. C'était le
« mariage d'un de mes cousins avec une femme qu'elle aimait
« tendrement et qu'elle a vu entrer avec bien du plaisir dans
« notre famille. Adieu, mon cher ami, je suis bien sensible à
« l'intérêt que vous nous avez montré dans notre malheur. Ma
« mère me charge de vous en remercier.

« Croyez, je vous prie, à tous les sentiments de votre tout
« dévoué,

« P. Mérimée. »

Cette lettre portait en post-scriptum : « Rappelez-moi au
souvenir de Harley et de tous nos amis de Londres (1). » Le
mariage dont il est question dans les dernières lignes est celui
de Léonor Fresnel qui venait d'épouser la baronne Lacuée,
fille du comte Réal, ministre de l'Empire (2).

Après la mort de son mari, Madame Mérimée alla demeurer avec son fils dans la rue des Beaux-Arts et plus tard
dans la rue Jacob. Ils étaient maintenant nécessaires l'un à
l'autre. La mère environna son fils de soins et, lui, la « paya
de retour en égards affectueux ». Elle s'appliqua à l'affran-
chir de tous les soucis de la vie matérielle. Prosper, qui
sentait sa jeunesse sur le point de finir, commençait à régler
sa vie et à désirer sincèrement retrouver son coin de feu
après ses tournées officielles et ses voyages de fantaisie. A
l'époque où il était le plus recherché dans le monde, dit
M. d'Haussonville, « rien ne pouvait le déterminer à ne pas

(1) Lettre publiée dans la *Revue de Paris*, 1895.
(2) Le comte Réal mourut en 1834 en laissant une fortune considérable
à sa fille, qui avait épousé en premières noces le baron Lacuée et qui
devint veuve cette même 1834. Prosper Mérimée parle d'elle dans deux
lettres à son ami Panizzi, datées du mois d'août 1860 : « Une cousine,
dit-il, qui demeure dans ma maison, est devenue folle, renvoie les domes-
tiques de son mari et sur laquelle je ne peux rien, parce qu'elle n'est
même pas ma parente, me rend la vie insupportable. » Léonor Fresnel
mourut en 1869. Madame Léonor Fresnel mourut à Saint Chéron en 1875.

« revenir dîner avec elle lorsqu'il le lui avait promis (1). »
Ils vécurent ensemble pendant quinze ans. Elle mourut,
après quelques jours de maladie, le 30 avril 1852, à l'âge de
soixante-dix-sept ans et demi.

Prosper, dont la sensibilité se cachait d'ordinaire sous un
masque impassible, ressentit vivement la perte de cette mère
dévouée qui avait tenu une grande place dans sa vie. Le *Journal des Débats* a publié la lettre qu'il écrivit huit jours après
sa mort à son ami Albert Stapfer. Nous la reproduisons :

« Vous avez connu ma mère et vous savez tout ce que j'ai
« perdu. Je suis encore dans l'étourdissement. Mais je sens
« que chaque jour me montrera davantage l'étendue de la
« perte que je viens de faire. Ma pauvre mère a peu souffert,
« du moins son médecin me le dit et je crois qu'il dit vrai.
« Elle a succombé à une fluxion de poitrine. Les huit jours
« de sa maladie ont été une alternative incessante de lueurs
« d'espérances sans cesse trompées. Quand la maladie inflam-
« matoire a été vaincue, la nature était épuisée et n'avait plus
« de force pour une réaction. Elle s'est éteinte doucement et
« sans avoir conscience de son état, chose étrange, car sou-
« vent dans des maladies bien moins graves, elle se préoccu-
« pait beaucoup plus et prenait ses mesures pour la mort avec
« le calme et le courage que vous lui connaissiez. Mes amis
« ont été excellents pour moi et se sont réunis pour m'ôter,
« du moins pendant les premiers jours, le sentiment du
« vide affreux qui s'est fait autour de moi (2). »

On connaît la lettre dans laquelle il dit à Madame Lenormand : « J'ai vécu si longtemps par le dévouement de ma
« mère que je crois être tous les jours comme un enfant le
« jour de son entrée au collège ». On connait aussi la réponse
faite par lui dix-huit mois plus tard, à Emile Augier qu'un
pareil malheur venait de frapper :

« Mon cher ami, je reçois un billet qui m'annonce la perte
« que vous venez de faire. Il n'y en a pas de plus grande.
« J'ai passé par cette cruelle épreuve et j'y pense encore sans
« cesse. »

Comédien de l'insensibilité ; mais au fond, homme de
cœur ! voilà donc Prosper Mérimée !

---

(1) *Mérimée*, par d'Haussonville, *Revue des Deux-Mondes* de 1879.
(2) Lettre à Albert Stapfer du 9 mai 1852, publiée par le *Journal des
Débats* avec les lettres inédites.

PORTRAIT DE MADAME MÉRIMÉE, PAR PICOT.

La maison de la rue Jacob qu'habita Madame Mérimée
et qu'occupe aujourd'hui la librairie Hetzel porte le n° 18. Elle
a été bâtie sur les terrains de l'ancienne abbaye de Saint-

PORTRAIT DE MADAME MÉRIMÉE, PAR SON FRÈRE PAUL MOREAU,

(Collection de M. Maurice Tourneux.)

Germain-des-Prés et elle possède un petit jardin ombragé
de quelques marronniers que Colbert aurait, dit-on, planté
de ses propres mains. Madame Mérimée, avancée en
âge, appuyée sur la canne de son mari, y venait quelquefois respirer la fraîcheur. Miss Lagden et sa sœur Mistress
Ewers, ses deux vieilles amies, et leur parente. Madame

Hémon à qui elles laissèrent leur héritage, venaient souvent lui tenir compagnie. Elle reçut un jour la visite de la comtesse de Montijo et de ses filles dont l'une allait être, quelques années plus tard, l'impératrice Eugénie. Toujours habillée de même, serrée dans un corsage étroit et haut, coiffée d'un bonnet blanc fanfreluché, elle passait pour originale. Son bonnet suranné faillit un jour lui coûter la vie ; une bougie qu'elle tenait à la main y mit le feu ; en un moment les flammes l'entourèrent, mais, sans s'émouvoir, elle étouffa l'incendie avec une couverture de son lit et en fut quitte, grâce à son sang-froid, pour quelques cheveux grillés (1).

Nous avons d'elle deux portraits dans cette toilette caractéristique de la vieille dame du temps de Louis-Philippe. L'un, au crayon noir, est de Picot, le fidèle ami de son mari ; il fut donné à Madame Régnier, grand'mère de Madame Rerolle, à qui il appartient maintenant, et qui a bien voulu nous autoriser à le reproduire. L'autre est de son frère Paul Moreau.

Elle a été enterrée au Père-Lachaise dans le même caveau que son mari (2). Une tombe élevée recouvre les deux cercueils, à gauche de la statue de Casimir Périer, dans la 14ᵉ division, sur la 5ᵉ ligne en bordure du rond-point. Elle est surmontée à plat d'une dalle de marbre blanc qui a une croix creusée très profondément. Aux pointes de fer du grillage qui l'entoure, une main pieuse vient encore accrocher des couronnes d'immortelles.

On lit sur la pierre au-dessus de la croix :

✝

ANNE-LOUISE MÉRIMÉE	JEAN-FRANÇOIS-LÉONOR
née MOREAU	MÉRIMÉE
décédée le 30 avril 1852	*Peintre d'histoire*
dans sa 78ᵉ année	décédé le 27 septembre 1836
	à l'âge de 79 ans
—	—
Requiescat in pace.	*Requiescat in pace.*

(1) Lettre de Mérimée à la comtesse de Montijo du 12 décembre 1846, citée par M. Augustin Filon dans son livre *Mérimée et ses amis*.

(2) Tout à côté est la tombe de Madame Jacques Fresnel, sœur de Léonor Mérimée, qui mourut le 5 avril 1833, à l'âge de 78 ans.

Madame Mérimée avait trois sœurs et trois frères au pays
d'Avallon. De ses sœurs nous ne savons rien. Ses deux
frères aînés entretinrent quelques rapports avec son mari
et firent pour lui, dans le Morvan, certaines recherches techniques. Son frère Paul, le professeur et l'artiste dont nous
avons précédemment parlé, plus jeune qu'elle, était, après son
fils, l'objet de toute son affection. Chaque année, il venait la
voir à Paris à l'époque des vacances. Maintes fois dans sa jeunesse elle avait formé le projet d'aller le surprendre à Avallon où il s'était marié ; elle voulait embrasser son neveu qu'elle
se représentait « beau comme l'amour ». Mais sa santé délicate
l'obligeait toujours à ajourner ce voyage. Alors elle lui écrivait de longues lettres, tout en se plaignant, qu'assise devant
une table, ses idées arrivassent péniblement. « Je ne suis en
« état de bien babiller qu'étendue, lui disait-elle, tu sais que
« ça toujours été ma position favorite. »

On nous permettra de citer ici encore quelques passages
de sa lettre du mois d'août 1812 dont nous avons déjà
parlé, et dans laquelle elle lui annonçait les succès de
Prosper au bout de sa première année de collège :

« Mon cher Paul, lui dit-elle, je t'ai écrit deux lettres, mais je
« ne suis pas étonnée que tu ne les aies pas reçues puisqu'elles
« sont encore dans mon secrétaire. Pourquoi ? Ce serait bien
« long à te dire ; l'une parce qu'elle était triste, l'autre parce
« que je voulais te donner plus de détails ; puis enfin je causais
« avec toi ; il me semblait que tu devais m'entendre... »

Et comme son frère lui avait écrit que, cette année-là, il lui
serait impossible de venir à Paris, elle ajoute :

« Ne pas te voir cette année m'afflige beaucoup. J'avais
« arrangé que tu pourrais venir à Paris ces vacances ; j'ai de
« côté quelques louis pour ton voyage ; tu serais bête et
« m'aimerais bien peu si tu faisais la moindre façon. Si tu
« étais dans ma position et moi dans la tienne je ne ferais
« pas la plus légère objection... »

Et, plus loin :

« Mon mari est toujours gras et frais, toujours bon et
« calme... Je suis pour le moment aussi heureuse qu'on peut
« l'être quand on n'a ni ambition ni goûts à satisfaire. »

Nous surprenons là cette jeune femme, nonchalante, bonne
au fond, dans un moment de sincère épanchement fraternel.

Puis, les années passent ; sa santé « jamais très-bonne,

« jamais très-mauvaise » se dérange, ses cheveux grisonnent,
elle doit « prendre lunettes », c'est la vieillesse ! Rares alors
sont les lettres. Plus rares encore les entrevues. Mais l'image
de ce frère bien-aimé est présente à ses derniers moments. Peu
de jours avant de mourir, elle laisse, en effet, quelques lignes
pour charger son fils de remettre plusieurs petits souvenirs
à ses parents et à ses amis et dans l'une de ces notes elle dit :
« On enverra à ma belle-sœur mon grand schale gris ecos-
« sais. Je ne sais qu'offrir à mon cher Paul ; il désirait la
« canne de mon mari ; je l'ai gardée pour soutenir ma vieil-
« lesse ; je la lui donne pour lui rendre le même service. »

Prosper Mérimée exécuta pieusement les dernières volon-
tés de sa mère. Huit jours après son décès il écrivit à son
oncle la lettre qu'on va lire :

Paris, 7 mai.

« Mon cher Oncle,

« Je vous remercie de l'excellente lettre que vous m'avez
« écrite. Si quelque chose peut adoucir les regrets d'une
« perte comme la mienne c'est la sympathie des personnes
« qui ont connu et apprécié ma mère comme vous. Vous
« l'aimiez comme elle vous aimait. Mes amis ont été excel-
« lents pour moi. Leurs soins m'ont toujours entouré et je
« ne puis assez les remercier. Ma mère a laissé quelques
« lignes pour me charger de remettre plusieurs petits souve-
« nirs à ses parents et à ses amis. Elle m'a chargé de vous
« envoyer une canne de mon père dont elle se servait dans
« les dernières années de sa vie et un châle pour ma tante.
« Je vous enverrai cela par M' Amé d'Avalon qui part
« dimanche ou lundi. Vous ne me donnez pas de nouvelles
« de ma tante. Puis-je espérer qu'elle se trouve un peu
« mieux ? Veuillez l'embrasser de ma part et lui dire tous les
« vœux que je fais pour son rétablissement. Adieu, mon cher
« oncle, merci encore des paroles affectueuses que vous me
« dites. J'aurais bien du plaisir à vous revoir et à parler de
« ma mère avec vous.

« P' Mérimée. »

On le voit, Prosper Mérimée et son oncle avaient l'un pour
l'autre une grande affection. La crise qui survint, à ce moment, dans la vie de l'écrivain nous en fournit une nouvelle

preuve. Cette crise, c'est l'affaire Libri ; je veux dire, du moins, la part qu'y prit Mérimée. L'affaire judiciaire est connue. La culpabilité de Libri longtemps débattue est aujourd'hui certaine. Cet épisode de la vie de Mérimée reste cependant enveloppé de mystère. Pourquoi cette intervention et cette fougue chez un homme d'ordinaire si réservé et si prudent ? Et pourquoi une intervention *deux ans après la condamnation de Libri* (1) ? L'observation que nous faisons ici n'a jamais été faite, sauf erreur de notre part. Que d'autres expliquent le mystère, nous nous bornons à le signaler.

Les conséquences pour Mérimée, on les connaît. Traduit en police correctionnelle peu de jours après la mort de sa mère, « pour offense envers la magistrature », il fut condamné, le 26 mai, à mille francs d'amende et à quinze jours de prison. A cette nouvelle, Paul Moreau mit immédiatement sa bourse à la disposition de son neveu dont la douleur filiale venait de s'accroître de tracas et d'irritation. Mérimée refusa l'offre gracieuse de son oncle et le remercia par une lettre que nous sommes heureux de pouvoir reproduire ici grâce à M. Bernard Schmitt, arrière-petit-fils de Paul Moreau, qui a bien voulu nous la communiquer. Voici cette lettre inédite, très intéressante, dans laquelle Mérimée explique son fait à sa manière, porte à son tour un jugement sur les juges qui l'ont condamné en lui « dorant la pilule » et expose les raisons qu'il a pour ne pas interjeter appel.

Paris, 6 juin 1852.

« MON CHER ONCLE,

« Je vous remercie de cœur de la bonne lettre que j'ai reçue
« de vous hier. Je suis bien sensible à l'intérêt que vous me
« témoignez, mais croyez que j'ai assez de philosophie pour
« prendre très en patience l'arrêt qui me condamne. Mon fait
« était des plus graves. Je me suis moqué de gens qui n'ont ni
« assez d'esprit ni assez de considération eux-mêmes pour ne
« pas avoir une peur extrême des plaisanteries. Lorsque
« les chefs de la magistrature s'appelaient Lamoignon, ou
« D'Aguesseau, ils n'auraient pas songé à sévir contre un

---

(1) Libri fut condamné par contumace le 22 juin 1850 et la protestation véhémente de Mérimée contre l'arrêt parut dans la *Revue des Deux-Mondes* du 15 avril 1852.

« homme de lettres qui aurait dit qu'un tel procureur du Roi ne
« savait pas le latin et faisait des bévues dans ses réquisitoires.
« Aujourd'hui il faut se mettre à la place de pauvres diables
« mal payés, dont personne ne sait le nom, et qui sont obligés
« d'avaller des couleuvres de tous les gouvernements pour faire
« bouillir leur marmite. Leur position explique leur susceptibi-
« lité. Pour moi, je ne leur en veux guère. Ils ont été polis.
« Juges et substituts m'ont doré la pilule. Ils ont rendu un
« arrêt beaucoup plus pour eux que contre moi. Ils disent qu'ils
« sont gens d'esprit et qu'ils savent leur métier. Le public ap-
« précie ce témoignage impartial à sa juste valeur. L'arrêt ne
« m'a pas fait perdre un seul de mes amis et m'a valu des com-
« pliments de quantité de gens dont l'opinion m'est précieuse.
« Je me suis bien gardé d'en appeler 1° parce que je sais que
« toutes les robes noires sont solidaires et que je n'aurais rien
« à attendre d'un nouveau tribunal ; 2° parce que c'est déjà bien
« de l'ennui d'avoir eu affaire une fois à ces Messieurs et que,
« dussé-je obtenir un adoucissement de peine, il ne vaudrait pas
« l'ennui de les revoir et de les entendre une autre fois. Je suis
« bien touché de l'offre que vous me faites, mon cher oncle,
« mais je n'en profiterai pas. Je suis en état de payer mon
« amende et je me plains seulement de ne pouvoir le faire tout
« de suite. Avec ces Messieurs il faut des formalités sans fin,
« même pour les payer et se faire mettre en prison. Je pense
« cependant que je pourrai m'acquitter envers dame Justice
« d'ici à quelques jours. Je lui demanderai de ne me mettre à
« l'ombre qu'au commencement de Juillet et on m'assure que
« c'est une faveur qui n'est jamais refusée. Vers la fin de Juillet
« je pense me mettre en route pour ma tournée et j'espère
« passer par Avalon (sic). Je serai bien heureux de vous em-
« brasser au passage. J'apprends avec grand plaisir que ma
« tante va un peu mieux et souhaite que le beau temps lui
« rende un peu de force et de santé. Adieu, mon cher oncle, je
« vous embrasse de cœur.

« Pr Mérimée. »

L'appréhension d'une seconde audience publique, voilà
donc, d'après cette lettre, quelle fut au fond la vraie et unique
raison de la résignation du condamné. Rien d'étonnant à cela
chez un homme pour qui un discours à prononcer à l'Académie était un supplice. Au reste, ses souvenirs de la licence

en droit étaient bien effacés ; il parle à plusieurs reprises d'un
« arrêt » du Tribunal de première instance ! On sait qu'il
subit sa peine, sans rigueur, à l'époque par lui désirée, et on
trouve à ce sujet d'amusants détails dans sa correspondance.

Paul Moreau eut un fils, Marie-François-Gaspard Moreau,
qui entra à l'Ecole normale supérieure vers 1829, à vingt et un
ans et qui fut un des plus remarquables élèves de la classe
des sciences. Savant éminent, possédant les connaissances
les plus étendues et les plus profondes en géologie, en bota-
nique, en archéologie, ami de Daubrée, de Ragon, de Bou-
chardat, il resta toute sa vie à Avallon (1). Son savoir, sa
vertu, sa piété sincère, sa charité inépuisable, son caractère
aimable et sa modestie lui ont conquis dans le pays la réputation du véritable homme de bien. Il n'eut que peu de rapports
avec son cousin Prosper qui était lancé dans sa vie de plaisirs
à l'époque où il vint faire ses études à Paris, mais qui, sans
partager aucune de ses idées, le tenait en haute estime. C'est
à François Moreau que l'on doit le musée d'Autun et
quelques autres musées de la région. C'est lui qui signala
le premier à Prosper Mérimée l'état déplorable de l'église
de Vezelay et qui partage ainsi avec Montalembert la
gloire d'avoir contribué à la conservation de cet admirable
édifice.

Il n'y a plus aujourd'hui un seul descendant de la famille
d'Anne Moreau portant son nom. Celui de Mérimée n'est
pas éteint, mais ceux qui le portent à présent se rattachent
à une autre branche de sa famille, celle de Laigle, que nous
avons des raisons de croire assez éloignée.

Soixante ans après la mort de Léonor Mérimée, un monument lui fut élevé à Broglie, son pays natal. Une société lo-
cale, *la Société libre d'Agriculture, des Arts et Belles-Lettres*
du département de l'Eure (section de Bernay) qui s'est donné
pour mission d'honorer les savants, les artistes, les poètes,
toutes les gloires du pays d'Ouche, a pensé qu'elle devait un
hommage à sa mémoire. Elle fit apposer un médaillon en
terre cuite sur la façade postérieure de la mairie du village.
Remercions-la de cette heureuse initiative. La terre cuite, le
marbre ou le bronze n'ont pas toujours été aussi bien em-

____

(1) Né en 1808, il entra à l'Ecole normale en 1829. Il prit sa retraite à
Avallon en 1872 et y mourut en 1883.

ployés. Le médaillon a été exécuté par le sculpteur normand Miserey (1), prix de Rome, d'après le portrait qu'Ingres avait dessiné. Au-dessous, sur une plaque de marbre noir, est gravée l'inscription :

MÉRIMÉE

JEAN-FRANÇOIS-LÉONOR

Peintre-Professeur de chimie à l'Ecole Polytechnique
Secrétaire de l'Ecole nationale des Beaux-Arts

Né à Broglie le 16 septembre 1757 (2).

Ce modeste monument fut inauguré le 8 septembre 1895. Il y eut une cérémonie sous la présidence de M. le duc de Broglie, de l'Académie Française. On lut une notice de M. l'abbé Porée (3), exacte et substantielle qui retraçait à peu

(1) Albert Miserey, né en 1862 à Menillet, (Eure). Une reproduction de son médaillon de Mérimée est au musée d'Angers.

(2) Cette inscription devrait être rectifiée. Au lieu de professeur de chimie, il faudrait mettre *maître de dessin*. Au titre de secrétaire, il faudrait ajouter *secrétaire perpétuel* ; enfin, il faudrait mentionner que Léonor Mérimée est mort à Paris le 27 septembre 1836.

(3) Cette excellente notice a été insérée dans les *Annales de la Société d'Agriculture de l'Eure* (année 1895).

près complètement ce que l'on savait alors de la vie de Léonor Mérimée. Un poëte du cru qui ne connaissait rien de son personnage récita une poésie de circonstance. Nous la donnons en appendice ; tout ce que nous pouvons en dire, c'est qu'elle était pleine de bonnes intentions, mais que ce n'est pas elle qui aurait réconcilié Prosper Mérimée avec la poésie.

APPENDICES

PIÈCE N° 1

Extrait du rapport fait au Ministre des relations extérieures par les Citoyens Dufourny et Debures-Villiers nommés par arrêté du Directoire exécutif du 22 messidor an V pour donner leur avis sur la répartition de l'indemnité de trois cents mille livres stipulée par l'art. 18 du Traité de Tolentino (1).

. . . .

Dans la 3ᵉ classe. Artistes étudiant à leurs frais.

MÉRIMÉE. — Il occupait quoique n'étant pas pensionnaire de la République un logement au Palais de l'Académie de France et s'y trouvait au moment où des fanatiques égarés vinrent briser tout ce qui se trouvait sous leurs mains. Il faillit être leur victime et perdit le peu de meubles qu'il avait et une partie de ses études. Nous devons ajouter à cet exposé tiré de la pétition de cet artiste, l'honorable témoignage qu'il s'est rendu utile à ses compagnons d'infortune par sa correspondance avec le Ministre d'Espagne et autres personnages et qu'il est parvenu ainsi à en mettre plusieurs à l'abri des dangers qui se renouvelaient à chaque instant. Nous croyons que son indemnité doit être portée à trois parts cy 3.000 livres.

. . . .

PIÈCE N° 2

Extrait d'une lettre de Mérimée au Secrétaire général du Ministre de l'intérieur, en date du 8 février 1819, conservée aux Archives de l'administration des Beaux-Arts et communiquée par M. Lapauze.

... L'histoire considérée comme une simple narration peut s'apprendre sans maitre par la seule lecture, comme tout ce qui n'a besoin que d'une simple exposition pour être compris.

Les artistes apprennent aussi sans peine à l'aide des leçons particulières de leurs Maîtres à discerner dans leur lecture les actions les plus susceptibles d'être représentées par les moyens de

(1) *Correspondance des directeurs de l'Académie*, t. XVII, p. 89.

leur art ; mais la simple connaissance d'un fait de ce genre ne suffit pas à l'artiste. Il faut encore qu'il puisse caractériser convenablement ses personnages, le lieu de la scène qu'il veut représenter, et même les lieux ou elle s'est passée. Il faut donc qu'il possède les connaissances historiques qui comportent ce qu'on appelle la science du *Costume*.

Cette science malgré le grand nombre d'écrits qu'elle a produits est encore à faire ; du moins telle qu elle devrait l'être pour le besoin des peintres et des statuaires.

Un professeur qui présenterait à nos jeunes gens des considérations de la plus haute importance, tirées de l'histoire ; mais n'ayant pas de rapport direct avec leur art, ne serait pas écouté ; et il est toujours dangereux de proposer à des Elèves tels que les notres d'écouter des leçons dont ils ne sentent pas le besoin. Au contraire ils écouteront toujours avec le plus grand intérêt le professeur qui leur présentera des notions qu'ils désirent acquérir et leur indiquera les sources ou ils pourront puiser de plus amples renseignements. Dans l'ancienne Académie; il y a eu pendant plusieurs années un cours spécial d'histoire ou plutôt d'Antiquités destinées aux Elèves qui avaient gagné les grands prix et passaient alors, dans un pensionnat établi à Paris, trois années avant d'aller à Rome.

Un pareil cours se trouve indiqué dans un projet d'organisation rédigé en l'an X par une commission nommée par le Ministre et *composée de* MM. Vien, Vincent. Moithe, Raymond et Regnault. Je crois aussi qu'il a été soumis au Ministère il y a quelques années la proposition d'attacher un Professeur d'antiquités à l'Ecole de Rome, L'utilité d'un pareil cours ne me semble donc pas pouvoir être contestée ; mais on peut dire qu'il y a peu de savant qui soit capable de faire l'application convenable de leurs connaissances aux besoins de nos élèves.

La difficulté de faire un bon choix dans cette circonstance peut même paraître telle à quelques personnes qu'elles les induiront à penser qu'il est sage de se priver d'un cours utile dans la crainte que ce cours ne soit pas fait aussi bien qu'il devrait l'être. Heureusement le vice d'un pareil raisonnement saute aux yeux. En supposant (ce que je suis loin d'accorder) que le cours d'Histoire et d'Antiquités ne fut pas dans le commencement aussi bien fait qu'il peut l'être ; par cela seul qu'il serait établi et qu'il y aura toujours des hommes qui se livreront à l'étude de l'antiquité, il se présentera nécessairement des savants qui dirigeront leurs études dans le sens le plus utile à l'enseignement de nos élèves.

Quelque chose qui arrive, il est hors de doute que le Candidat choisi par l'Ecole ou par l'Institut sera un homme versé dans la connaissance de l'histoire et des monuments.

Dans le cas (ce qui est assez probable où il ne connaîtrait pas à fond les besoins de l'art auxquels sa science doit être appliquée, il ne manquerait pas de consulter les professeurs sur le plan de son cours afin de le rendre plus profitable.

Je désire, Monsieur le Secrétaire Général, que vous trouviez dans ces documents des motifs suffisants pour servir de base à votre rapport. J'espère que présentés par vous ils détermineront Son Excellence à suivre l'heureuse inspiration que nous devons à son amour pour les Arts.

L'Ecole peut enfin se livrer à l'espoir de voir cesser son état précaire et de recouvrer tout les moyens d'enseignement.

PIÈCE Nº 3

Trois lettres de Léonor Mérimée conservées à la Bibliothèque de la ville d'Avignon.

1ᵉ Autographes, nº 6618.

LETTRE ADRESSÉE LE 4 MARS 1821 AU MINISTRE DES FINANCES

MONSEIGNEUR,

J'ai eu l'honneur, dans le courant de juin 1821, d'adresser une demande au prédécesseur de votre Excellence à laquelle se trouve joints différentes pièces et certificats que je désirerais revoir dans ce moment.

Voulez-vous bien Monseigneur avoir la bonté d'ordonner que la remise m'en soit faite afin que je puisse y puiser les renseignements dont j'ai besoin.

J'ai l'honneur d'être avec un profond respect, Monseigneur
De Votre Excellence
Le très humble et très obéissant serviteur,

MÉRIMÉE.

Paris, 4 mars 1823.

A Son Excellence
Monseigneur Le Ministre
des finances
Président du Conseil.

2° Autographes. N° 9464. Correspondance de l'abbé Requien

LETTRE DE LÉONOR MÉRIMÉE A L'ABBÉ REQUIEN

> Paris, le 13 novembre 1834,
> rue des petits Augustins, 16.

MONSIEUR,

Mon fils m'a chargé de vous adresser le dernier opuscule qu'il a publié et dont il désire vous faire hommage en reconnoissance des soins hospitaliers dont vous l'avés comblé ; recevés en Monsieur mes sincères remerciments. Je vous en dois également pour les patates que vous avés eu la bonté de m'envoyer. J'ai pour la première fois gouté de ce tubercule il y a plus de 20 ans. Il avoit été cultivé dans le jardin du parc de Saint-Cloud par M. Le Lieur. Il avoit mis des brouettées de terre de bruyère dans les allées battues du jardin, et au milieu de ces grosses taupinières, il avoit planté une patate, au printems, et au mois d'octobre il avoit recueilli de grosses touffes de tubercules. Les patates étoient rouges et moins belles que les votres.

J'en ai gardé quelques unes pour les planter dans le jardin d'un de mes amis. Mais je voudrois savoir comment il faut les cultiver.

Et si ce n'est pas abuser de votre complaisance, je vous prierois de vouloir bien me donner quelques renseignements sur l'époque à laquelle il faut les planter. Je présume que si on les met en serre au commencement de Mars, il faut les garantir par quelqu'abri des gelées printanières et qu'il faut choisir l'exposition la plus chaude du jardin.

Si la patate produis des récoltes aussi abondantes que la bette-rave, je crois qu'on devrois en retirer une plus grande quantité de sucre ; — mais probablement elle ne peut croitre, sans frais extraordinaire de culture, que dans les parties les plus méridionales de la France.

Agréez, Monsieur, l'assurance des sentiments de gratitude les plus distingués de

> Votre dévoué serviteur,
>
> MÉRIMÉE.

a Monsieur
Monsieur Requien
rue des Tanneurs
à Avignon.

3° *Autographes. N° 9465. Correspondance de l'abbé Requien*

LETTRE DE LÉONOR MÉRIMÉE A L'ABBÉ REQUIEN

Paris, le 13 février [1835].

TRÈS CHER SECRÉTAIRE,

En travaillant au projet d'amélioration de l'enseignement dans la section d'Architecture, je me suis convaincu de la nécessité d'établir près cette section un Conseil de Perfectionnement.

J'en ai causé avec nos meilleures têtes, et d'après leur approbation, je l'ai proposé à notre assemblée ; mais, ainsi que je m'y attendois, j'ai trouvé une opposition que je n'ai pu vaincre.

Baltard même étoit de mon avis, dans nos conversations particulières ; mais il me dit naïvement qu'il faudroit que le Conseil ne fût pas composé d'architectes parce qu'il ne pourroit pas les amener à son opinion.

Hé ! c'est précisément pour que l'enseignement ne soit pas dirigé d'après l'opinion d'un seul que je propose un Conseil de Perfectionnement.

Baltard vient de faire imprimer un projet d'organisation d'Ecole. Il n'a pas eu assez de confiance en ma docilité pour me l'envoyer. Toutefois sans l'avoir vu, je suis porté à croire qu'il est inexécutable.

Et moi aussi j'ai conçu le plan d'un grand projet d'organisation d'Ecole d'architecture, lequel auroit pour objet de ne faire qu'une seule corporation des Ponts et Chaussées et des architectes.

Il n'existe pas un seul architecte parmi les Ingénieurs, et nous avons peu d'architectes qui pourroient construire un pont — toutefois nous trouverions plutôt des architectes qui dirigeroient les travaux de la construction la plus difficile que nous ne trouverions un Ingénieur capable de faire un petit casier de Prince ayant le sens commun.

Dans mon projet, j'affirmerois que les élèves se classeroient naturellement les uns parmi les dessinateurs, les autres parmi les compositeurs, les autres parmi les constructeurs.

Il n'y manqueroit qu'une chose, c'est la possibilité de l'exécution.

Dans le projet proposé par l'Ecole il n'y a pas d'effort d'imagination, mais il est d'une exécution très facile et il auroit un avantage très réel, celui de rendre les élèves en peu d'années assés bons constructeurs pour dériger les travaux publics.

Il y manque cependant un conseil de perfectionnement.

17*

Il y manque aussi quelques vues sur le moyen d'organiser les Ecoles spéciales des départemens.

J'ai une telle confiance dans la bonté de ma proposition de Conseil de Perfectionnement que, si on la soumettoit à l'examen du Jury d'architecture, je ne doute pas qu'elle ne fût accueillie.

Sans réunir 35 personnes pour décider de l'admission de ma proposition, Vouléz vous réunir secretement quatre ou cinq personnes de confiance que vous chargeriez de l'examiner et de vous envoyer un projet tout redigé auquel il ne manqueroit que la signature du Ministre.

Comme de raison le secret seroit recommandé à tous les membres de la commission.

Veuillez y penser un peu afin d'en causer un peu demain avec votre serviteur et ami dévoué.

MÉRIMÉE.

Monsieur,

Monsieur Requien, administrateur du Musée. Recommandée aux soins de M. le Préfet de Vaucluse. Avignon.

PIÈCE N° 4

Petit tableau généalogique de la Famille Mérimée.

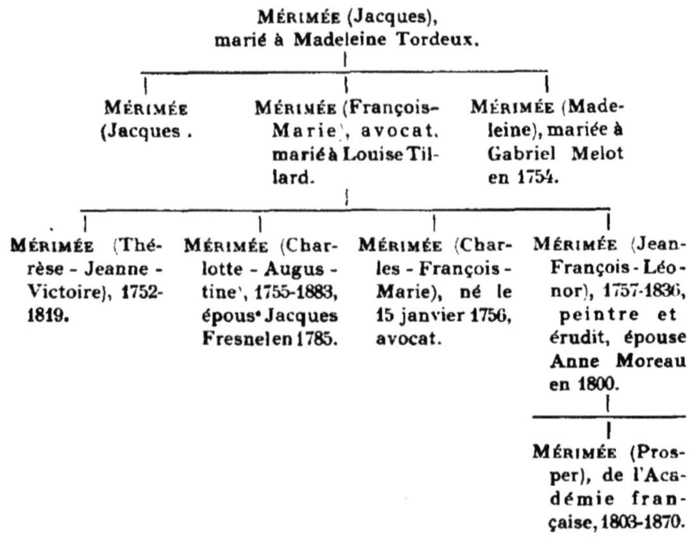

PIÈCE Nº 5

Petit tableau généalogique de la famille Fresnel.

FRESNEL (Jacques),
tailleur de pierres, marié à Catherine Lamoureux.

FRESNEL (Jacques), architecte.
né à Mathieu le 26 mars 1755, mort à Caen le 4 janvier 1805). — Appelé à Broglie en 1784, épouse Augustine Mérimée le 20 janvier 1785. part en 1790 pour Cherbourg, se fixe à Mathieu en 1794.

FRESNEL (Louis-Jacques), né à Broglie en 1786, admis à l'Ecole Polytechnique en 1803, lieutenant d'artillerie, tué au siège de Jacca en 1809.	FRESNEL (Augustin-Jean), né à Broglie le 10 mai 1788, admis à l'Ecole Polytechnique en 1804, ingénieur des ponts et chaussées, membre de l'Académie des Sciences, mort à Ville-d'Avray le 14 juillet 1827.	FRESNEL (Léonor), né à Mathieu en 1790, admis à l'Ecole Polytechnique en 1807, ingénieur des ponts et chaussées, épouse en 1836 la baronne Lacuée, mort à Paris en 1869.	FRESNEL (Fulgence), né à Mathieu en 1795, orientaliste, mort à Bagdad en 1855

PIÈCE N° 6

Petit tableau généalogique de la famille Moreau.

Marie Leprince, femme auteur,
née à Rouen en 1711 — morte à Annecy en 1780.
Epouse à Lunéville en 1743 le chevalier de Beaumont, se remarie à Londres en 1745, retirée en
Suisse puis à Chassenor près Annecy.

Mlle Leprince de Beaumont,
Epouse à Londres en 1762 Nicolas Moreau, né à Saint-Quentin, chirurgien militaire, se fixe d'abord à
Annecy, puis à Avallon, enfin à Paris.

Moreau (François), receveur général de Saône-et-Loire, propriétaire de charbonnières.	Moreau (Pierre-Emmanuel),	Moreau épouse Bégon.	Moreau (Augustine).	Moreau Pauline).	Moreau (Anne-Louise), née en 1775 à Avallon, épouse Léonor Mérimée en 1800, décédée à Paris le 30 avril 1852.	Moreau (Paul), professeur à Avallon, épouse Marie Bouchardat.
	Moreau (Théophile), contrôleur de la Monnaie, puis au service de la Garantie, directeur des Contributions indirectes à Paris, mort en .				Mérimée (Prosper), de l'Académie française, né à Paris en 1803, mort à Cannes en 1870.	Moreau (Marie-François-Gaspard), né à Avallon en 1808, élève de l'Ecole Normale supérieure, professeur de mathématiques, marié à Marie-Jeanne-Colombe Peutat, mort en 1883.
Moreau (Anna), épouse M. Olivier.	Moreau (Marie), épouse M. Raunheim.					

PIÈCE N° 7

Lettre de Léonor Fresnel au Prince de Broglie.

Saint-Chéron, le 14 septembre 1866.

« Mon Prince,

« Je m'empresse de répondre à la gracieuse lettre qui m'apprend
« le succès des recherches auxquelles vous avez bien voulu vous
« livrer pour découvrir la maison dans laquelle naquit, à Broglie,
« le 10 mai 1788, mon frère Augustin.

« L'acte notarié dont vous me donnez l'extrait ne laisse pas le
« plus léger doute à cet égard. La maison possédée depuis 1766
« par mon grand-père maternel l'avocat François Mérimée et
« vendue par ses enfants en 1819 est très-certainement celle où
« sont nés mes deux frères aînés Louis-Jacques Fresnel, lieute-
« nant d'artillerie tué en 1809 sous les murs de Jacca et Augustin-
« Jean Fresnel, ingénieur des ponts et chaussées, membre de la
« Société de Physique et de l'Académie des Sciences, décédé à
« Ville d'Avray le 14 juillet 1827.

« Peut-être aurez-vous pensé que mon grand-père intendant du
« Maréchal avait pu habiter avec sa famille quelque dépendance
« du château, moi j'ai lieu de croire qu'il n'y aura occupé tout au
« plus qu'un bureau. Assurément si mes frères fussent nés au
« château, la tradition n'en serait pas si complètement effacée
« pour moi. Je ne dirai pas que j'ai été bercé avec les histoires de
« Broglie car né en 1790 j'ai été sevré par la Terreur ; mais mon
« adolescence a été incessamment entretenue des récits du
« château et de la maison maternelle de Broglie. Or de tous ces
« récits ainsi que des impressions de mon voyage en 1796 résulte
« l'intime conviction que c'est bien dans la maison que vous me
« signalez qu'est né mon frère Augustin... »

(Lettre communiquée par le duc Emmanuel de Broglie).

PIÈCE N° 8

Petit tableau généalogique d'une famille Mérimée de Laigle (Orne).

Mérimée (Guillaume),
épouse Marguerite-Louise Pique,
part aux colonies vers 1791.

|
Mérimée (Martin-Etienne-Victor),
épouse en 1807 Marie-Agathe Camus.

PIÈCE N° 9

Petit tableau généalogique d'une autre famille Mérimée de Laigle (Orne)

MÉRIMÉE (Pierre-Guillaume),
épouse à Bernay Marie-Catherine-Héloïse Dutrosne.

MÉRIMÉE (Césaire-Guillaume-Alexandre),
né à Bernay le 27 août 1788, épouse Victoire Savary, plus tard Marie-Louise-Henriette Quieron. — Notaire à Chandey, puis à Laigle, retiré à Maison-Laffitte, puis à Paris, meurt le 5 avril 1847 à Paris.

MÉRIMÉE (Henri),
né à Laigle le 20 avril 1807,
décédé à Toulouse le 2 juillet 1897.

MÉRIMÉE (Césaire-Ernest),
né à Laigle le 14 juillet 1810,
chirurgien militaire
au 17ᵉ de ligne.

MÉRIMÉE (Charles-Amédée-Ernest),
professeur à la Faculté
de Toulouse.

MÉRIMÉE (Ernest-...),
professeur à la Faculté
de Montpellier.

PIÈCE N° 10

Stances composées en l'honneur de Léonor Mérimée par le poète Retout, un de ses concitoyens et lues à l'inauguration de son monument, à Broglie :

Favorisé par le sort,
Etant fils d'un intendant,
Mérimée sut tout d'abord
Se montrer indépendant.

Après de longues études,
Il travailla le dessin.
Comptant sur ses aptitudes
Il y mit beaucoup d'entrain.

Son talent dans la peinture
Etant vraiment surprenant
Donna tout lieu de conclure
Qu'il deviendrait un savant.

En parcourant l'Italie,
Il fit deux charmants tableaux
Pouvant prouver son génie
A ses plus ardents rivaux.

Doué d'un esprit très fécond,
Inventif et pénétrant,
Il étudiait tout à fond
Lorsqu'il n'était qu'un enfant.

Dans les Arts et l'Industrie
Nombreux furent ses succès.
Etant très-fort en chimie
Des Beaux-Arts il eut l'accès.

Pour honorer sa mémoire
Dans le lieu qui l'a vu naître,
J'ai retracé son histoire
Pour qui n'a pu le connaître.

TABLE DES ILLUSTRATIONS

TABLE DES MATIÈRES

ABBEVILLE. — IMPRIMERIE F. PAILLART